AF550712

GENUSS PUR AUS DEM

KÜCHEN-GARTEN

Für Rajni, Dhirun, Riana und Jaiden,
die immer an mich geglaubt haben.

REHKA
MISTRY

GENUSS PUR
AUS DEM

KÜCHENGARTEN

INHALT

SOMMER 54

HERBST 136

WINTER 164

EINLEITUNG

In meiner Kindheit in Sambia war der Küchengarten meiner Mutter mein Zufluchtsort. Mich interessierte damals weniger das Gärtnern an sich. Aber ich liebte es, bei der Pflege der Pflanzen zu helfen. Der Garten war mein Stück Paradies.

Dann begann das Leben: Ich wurde erwachsen, verließ das Land, heiratete und gründete eine eigene Familie. In dieser Zeit entwickelte ich meinen grünen Daumen, denn ich wollte, dass meine Kinder wissen, wo ihr Essen herkommt, und vor allem wie aufwendig es ist, Gemüse anzubauen. Ich wollte, dass sie verstehen, dass ihr Abendessen nicht von allein und im Supermarkt wächst.

Unser kleiner Gemüsegarten am Haus passte nicht zum Ballspielen meiner Kinder. Ich wagte den Schritt und pachtete einen Kleingarten, damals »Rentnerspielplatz« genannt. Dort begann meine eigene Küchengarten-Reise.

Ich wurde nicht mit einer silbernen Grabegabel in der Hand geboren. Am Anfang lernte ich durch Ausprobieren. Ich fragte. Ich recherchierte, wie ich Lebensmittel biologisch und nachhaltig produzieren könnte. Ich las Secondhand-Gartenbücher und sammelte die Ratschläge der Autoren.

Kurz darauf wurde der Kleingarten mehr als ein Hobby. Ich verabschiedete mich nach 25 Jahren von meiner bisherigen Karriere, begann einen Gartenblog und entdeckte meine Liebe zur Fotografie. Ich schrieb mich für ein Gartenbaustudium ein und bekam eine Anstellung als professionelle Gärtnerin in einem repräsentativen Garten in London. Gleichzeitig startete ich als Autorin für Garten- und Kochthemen und als Fernsehmoderatorin durch.

Heute ist meine Liebe für frische Lebensmittel größer als zu der Zeit im Küchengarten meiner Mutter oder in unserem kleinen Hausgarten, der auch als Fußballfeld herhalten musste. Sie gibt mir die Möglichkeit, meine Erfahrungen und mein Wissen zu teilen und – noch wichtiger – meine Liebe für alles, was man selbst anbauen kann. Und sie hat dazu geführt, dass dieses Buch entstehen konnte.

BIOLOGISCH GÄRTNERN

Bevor ich in meinen Londoner Kleingarten etwas anbauen konnte, musste ich ihn erst einmal bändigen. Inspiriert von Lawrence Hill und mit dem Wissen aus Büchern und von anderen Gärtnern wollte ich die überwucherte Oase in einen biologischen und nachhaltigen Ort verwandeln. Biologisch zu gärtnern ist für mich das Wichtigste. Jede Methode, die ich übernahm, war ein kleiner Schritt in Richtung Nachhaltigkeit.

Eigener Kompost

Kompost zu kaufen, um ihn auf meinen Beeten zu verteilen, wäre teuer und nicht nachhaltig. Deswegen mache ich ihn selber. Erst hatte ich nur einen runden Behälter. Darin kompostierte ich die meisten einjährigen Unkräuter. Mehrjährige, wie die wuchernde Zaunwinde (*Convolvulus*), entsorgte ich auf dem kommunalen Wertstoffhof. Inzwischen habe ich vier Behälter, mit denen ich ein Viertel meines Gartens versorgen kann. Auf dem Rest säe ich eine Gründüngung aus (s. rechts).

Regenwasser

Pflanzen lieben Wasser, vor allem pures Regenwasser. Zum Sammeln und Lagern der wertvollen und kostenlosen Ressource eignen sich Tonnen. Meine werden durch Fallrohre am Schuppen und am Gewächshaus gespeist. Wie wohl jeder Gärtner würde ich gerne mehr sammeln können.

Organische Dünger

Eigener Kompost verbessert den Boden, organische Dünger nähren die Pflanzen. Ich verwende hauptsächlich Horn- und Knochenmehl sowie Algen-Flüssigdünger. Beides kaufe ich im Gartencenter.

Dazu setze ich Düngejauche oder -tee an. Das ist so einfach! Füllen Sie einen Eimer locker mit frischen Brennnessel- oder Beinwellblättern, beschweren Sie diese mit einem Stein. Füllen Sie den Eimer mit Regenwasser auf und verschließen Sie ihn. Nach sechs Wochen können Sie einen Teil der Flüssigkeit mit zehn Teilen Wasser verdünnen und sobald die ersten Pflanzen zu blühen beginnen einmal wöchentlich damit gießen.

Gründüngung

Nutzpflanzen entziehen dem Boden Nährstoffe, Gründüngung bringt sie zurück. Ich säe vor dem Winter auf freien Flächen Ackerbohnen, Winterroggen oder Bienenfreund ein. Diese Gründüngungspflanzen schützen den Boden über den Winter, gleichzeitig nehmen ihre Wurzeln Nährstoffe auf. Im Frühjahr arbeite ich die Pflanzen in den Boden ein. Dort verrotten sie und liefern meinen Nutzpflanzen Nahrung. Auch im Sommer säe ich eine Gründüngung: Zu dieser Zeit ist Buchweizen ideal, denn er unterdrückt Unkraut. Ich brauche keinen Mineral-, nur Gründünger.

Rechts Am Beetrand lasse ich die Gründüngungspflanze *Phacelia tanacetifolia* Blüten bilden. Sie ziehen Bestäuber an.

Ganz rechts Aus Beinwell 'Blocking 14' kann man besten Dünger herstellen.

Unten Küchengärten im Cottagestil sind schön, nützlich und reich an Arten.

Oben, ganz links Der Duft von *Calendula officinalis* lenkt Schädlinge ab. Ihre Blüten sind eine schöne Zutat für Salate.

Unten, ganz links Mit Bierfallen ziehen Schnecken mit gefülltem Magen in den Schneckenhimmel ein und lassen meine Pflanzen in Ruhe.

Links Kohl schütze ich mit Netzen vor Schädlingen. *Phacelia* und *Knautia* ziehen ihre Gegenspieler an.

Schädlingsbekämpfung

Auch als Schädlinge einen Teil meiner ersten Ernte vernichtet hatten, habe ich nie zu chemischen Pflanzenschutzmitteln gegriffen, denn sie schädigen nützliche Insekten. Stattdessen pflanze ich verschiedene Blumen zwischen das Gemüse. Das erhöht die Artenvielfalt und lockt die Gegenspieler der Schädlinge an.

Gegen Schnecken grabe ich ein Gefäß ein, das ich mit dem billigsten Bier fülle, das ich finden kann. Und dann freue ich mich, wenn sie hineinfallen.

Mit Netzen verhindere ich, dass Kohlweißlinge Eier auf meine Kohlpflanzen legen. Die Netze lege ich über Stäbe, auf die ich Plastikflaschen gesteckt habe, und sichere sie mit Heringen.

Im Sommer befeuchte ich den Boden im Gewächshaus und stelle einen Eimer Wasser auf, denn Spinnmilben mögen trockene Hitze, hassen aber Luftfeuchtigkeit.

Krankheiten vorbeugen

Viele Jahre Erfahrung haben mir gezeigt, dass eine gute Belüftung drinnen wie draußen unerlässlich ist, um Krankheiten vorzubeugen. Bleiben Blätter und Triebe feucht, haben Pilzsporen leichtes Spiel. Ist zwischen den Pflanzen genug Platz, kann Luft hindurchziehen und das Wasser verdunstet. Ich gieße so, dass ich die Pflanzenbasis bzw. den Wurzelraum treffe. Dort wird das Wasser gebraucht und die Blätter bleiben trocken.

Begleitpflanzen

Nützliche Pflanzen neben Gemüse zu setzen ist eine chemiefreie Möglichkeit, die natürlichen Gegenspieler von Schädlingen anzulocken. Ringelblumen wehren Blattläuse ab und Borretsch zieht Bienen an. Minze und Schnittlauch schmecken gut und verhindern, dass Schädlinge Kohlpflanzen und Möhren befallen.

FRUCHTWECHSEL

Gemüsearten derselben Familie baut man am besten zusammen an. Allerdings werden sie von denselben Schädlingen und Krankheiten befallen. Damit sich diese nicht etablieren, baue ich jede Familie jedes Jahr auf einer anderen Fläche an. Mein System ist einfach: Ich teile den Gemüsegarten in vier Flächen, ordne jeder Familie eine zu (s. unten) und kombiniere noch ein paar Arten einer anderen Familie dazu. Jedes Jahr zieht jede Familie eine Fläche weiter. Nach vier Jahren steht sie wieder auf der ersten Fläche. Hülsenfrüchtler hinterlassen Stickstoff im Boden. Daher pflanze ich die hungrigen Kreuzblütler nach ihnen. Darauf folgen Kartoffeln. Zwiebeln profitieren vom krümeligen Boden, denen diese hinterlassen.

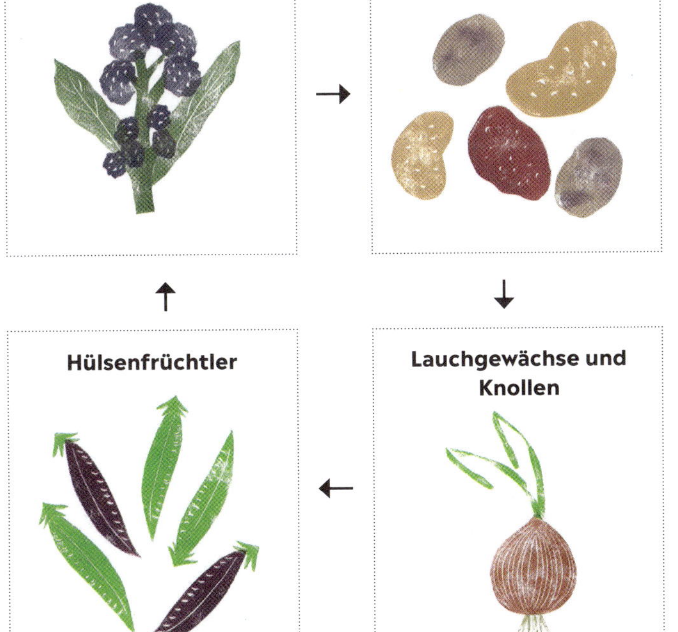

Kreuzblütler: Sprossenbrokkoli, Spitzkohl, Wirsing, Rüben, Grünkohl und Rosenkohl

Neben Kartoffeln pflanze ich hier Tomaten, Zucchini und Gurken, die nicht ins Gewächshaus müssen.

Hülsenfrüchtler: Erbsen und Bohnen. Ich pflanze außerdem Mais und Kürbisse auf diese Fläche.

Neben Lauchgewächsen wie Zwiebeln, Porree und Knoblauch säe ich hier Möhren, Rote Bete und Pastinaken.

EIN JAHR IM GARTEN

Ich habe weder ein Heft für Gartennotizen auf dem Nachttisch liegen, noch besitze ich Regale voller Gartenbücher. Ich gehöre zu den Menschen, die Informationen im Kopf haben, und dort ist auch mein Gartenwissen abgespeichert. Wie entscheide ich also, was ich anbauen will und wo? Nach meinem ersten Gartenjahr war mir klar, dass ich am besten planen kann, wenn ich die Pflanzen nach dem Erntezeitpunkt sortiere. Ich liebe es, saisonal zu kochen und zu essen, daher ist dieses Buch danach sortiert, in welcher Jahreszeit die Ernte wahrscheinlich liegen wird. Wenn ich das weiß, kann ich rückwärts rechnen und überlegen, wann ich die verschiedenen Arten säen, pikieren und pflanzen muss.

Wenn im Herbst die letzten Sommergemüse geerntet und die Beete abgeräumt sind, liegt eine nahezu weiße Leinwand vor mir. Ich bin keine Künstlerin, aber wenn ich fürs nächste Jahr plane, stelle ich mir vor, mit Pflanzen zu malen. Den Fruchtwechselplan (S. 11) habe ich dabei immer im Kopf.

WICHTIGE WERKZEUGE

Dies sind einige der Gartenwerkzeuge, die ich regelmäßig verwende.

Für die Aussaat

Eine Heizmatte, Zimmergewächshäuser und Kokos-Quelltabletten brauche ich für das Vorziehen im Haus im Frühjahr. Im Topfschuppen stelle ich Aussaatplatten und Töpfe in Schalen, damit die Erde sich nicht überall verteilt. Ich verdichte die Erde mit Aussaatstempeln in unterschiedlichen Größen und siebe dann eine dünne Schicht Erde darüber. So keimen die Pflanzen gleichmäßig. Große Samen wie Bohnen, Erbsen und Mais säe ich in »Rootrainer«, das sind tiefe Aussaattöpfe. Darin können sie ein kräftiges Wurzelsystem ausbilden.

Zum Abhärten

Wenn ich die Sämlinge mit meinem kleinen Pflanzholz in einzelne Töpfe gepflanzt habe, stelle ich die meisten davon für zwei Wochen in ein unbeheiztes Frühbeet. Hier können sie sich an die Bedingungen im Freien gewöhnen, bevor ich sie dann auspflanze. Ich habe immer ein Vlies parat, damit ich die Jungpflanzen abdecken kann, falls es nochmal kalt wird.

Zum Pflanzen und Ernten

Ideal sind eine herkömmliche Grabegabel mit Holzstiel, um den Boden vorzubereiten, ein Pflanzspaten, um Pflanzlöcher zu graben, und ein stabiler Rechen, um die Beete einzuebnen. Beim Jäten geht nichts über mein Hori-Hori-Gartenmesser. Ich nutze es auch, um Rillen für Aussaaten zu ziehen. Wenn es dann ans Ernten geht, verwende ich verschiedene Scheren. Ich reinige und schärfe sie nach jeder Benutzung.

DIE AUFGABEN NACH MONATEN

Die Tabelle enthält nicht jede Aufgabe, die ich im jeweiligen Monat im Garten erledige, aber die wichtigsten sind aufgezählt. Sie soll einen Überblick geben, was ich im Laufe eines ganzen Jahres wann mache.

	In Haus & Gewächshaus	Im Freiland
Jan.	• Auberginen, Chili und Paprika aussäen (Haus) • Pflanzkartoffeln bestellen • Saatgut sortieren und abgelaufenes entsorgen	• Apfelbäume schneiden • Laub um sommertragende Himbeeren entfernen • Rhabarber für eine frühe Ernte treiben
Feb.	• Zwiebeln säen (Gewächshaus) und Tomaten (Haus) • Kartoffeln auf der Fensterbank vorkeimen	• Wurzelnackte Obstbäume und -sträucher pflanzen • Herbsthimbeeren zurückschneiden
März	• Erbsen in tiefe Anzuchtplatten säen (Gewächshaus) • Salate pikieren • Gewächshaus reinigen und desinfizieren	• Horn- und Knochenmehl an Himbeeren geben • Gründüngung einarbeiten • Letzte Pastinaken ernten (aber einige bis zur Blüte stehen lassen)
Apr.	• Kürbisse, Zucchini und Gartenbohnen säen • Tomaten ins Gewächshaus pflanzen	• Frühe Pflanzenkartoffeln sowie frühe Kohlarten aus dem Frühbeet auspflanzen • Brennnessel- und Beinwelljauche ansetzen
Mai	• Gurken säen (Gewächshaus) • Auberginen, Chili und Paprika ins Gewächshaus stellen	• Knoblauch, Zwiebeln und Tomaten auspflanzen • Kompost und Stroh in Bohnenbeete einarbeiten, Rankhilfen für Bohnen aufstellen • Gewächshausschattierung montieren
Juni	• Auberginen, Chili und Paprika leicht mit Algen-Flüssigdünger düngen • Basilikumspitzen abknipsen, damit sie Seitentriebe bilden	• Rote Bete ausdünnen • Unkraut in Schach halten • Mittelfrühe Kartoffel häufeln und frühe ernten
Juli	• Türen und Lüftung im Gewächshaus offen halten • Erste Auberginen ernten, um Fruchtbildung anzuregen	• Neue Erdbeerpflanzen aus Ausläufern ziehen • Blühende Gartenbohnen mit Beinwelltee düngen
Aug.	• Auberginen und Paprika düngen, wenn sie blühen • Boden im Gewächshaus feucht halten, um die Luftfeuchtigkeit zu erhöhen	• Winterrettich ins Beet säen • Mais mit Netz schützen, sobald er Kolben bildet • Zwiebeln ernten, Gründ,üngung auf die Beete säen
Sept.	• Römersalat und Zwiebeln säen (Frühbeet) • Morgens gießen, damit sich kein Mehltau ausbreitet	• Blätter um Kürbisfrüchte entfernen • Letzte Zucchini und mittelfrühe Kartoffeln ernten
Okt.	• Wintererbsen säen (Gewächshaus) • Mangold und Minze im Topf ins Haus stellen • Töpfe aus dem Gewächshaus reinigen, desinfizieren und einlagern	• Porree anhäufeln • Rosenkohlpflanzen stützen • Vogelschutznetze an Kohlpflanzen kontrollieren • Beete mit Rüben jäten und sauberhalten • Gründüngung aussäen
Nov.	• Knoblauch in Töpfe setzen (Gewächshaus) • Gewächshaus an milden Tagen lüften • Gelbes und welkes Laub entfernen, um Krankheiten zu vermeiden	• Schnittlauch in Beete säen • Petersilienkraut ernten und Pflanzen mit Pflanzglocken schützen • Herbstlaub sammeln und Laubkompost ansetzen
Dez.	• Minze und Römersalat ernten • Lagergemüse kontrollieren; faules entsorgen • Saatgut bestellen, um Enttäuschungen im Frühjahr zu vermeiden	• Wurzelnackte Himbeeren pflanzen • Pastinaken und Rosenkohl ernten • Im winterlichen Garten die kurze Ruhephase vor dem nächsten Gartenjahr genießen

FRÜHLING

Der Frühling ist eine bunte Mischung. Wenn die Tage länger werden, wachsen manche Gemüsearten weiter. Für mich beginnt allerdings ein regelrechtes Rennen, denn es startet der Aussaatmarathon.

SPROSSEN-BROKKOLI

Brassica oleracea* var. *italica

Jedes Jahr sage ich, dass ich nie wieder Sprossenbrokkoli anbaue. Denn manchmal bin ich eine ungeduldige Gärtnerin und es dauert mir einfach zu lange. Sprossenbrokkoli ist zweijährig. Er bildet also erst im zweiten Jahr Blütenansätze. Doch trotz der langen Anbauzeit ist Sprossenbrokkoli ein wunderbares Gemüse und braucht nicht mehr Aufmerksamkeit als Grünkohl oder Rosenkohl. Und er überbrückt die Erntelücke zwischen Rosenkohl und Spitzkohl. Die mehrtriebig wachsende Pflanze bringt außerdem zu einer Zeit Farbe in den Garten, in der dort sonst kaum etwas wächst. So säe ich ihn und freue mich im nächsten Jahr darüber. Nach dem vielen Grün, das ich ernte, zeigen mir seine violetten Knospen, dass der Frühling kommt, also Sonne, warmer Boden und ein neues Gartenjahr.

Rekhas Lieblinge

'Cardinal'
'Summer Purple'
'Purple Sprouting Early'

Vorziehen

Sprossenbrokkoli ist eine entspannte Pflanze, daher halte ich mich nicht an die Empfehlung, ihn im März vorzuziehen. Es ist nicht notwendig, ihn zu einer Zeit zu säen, in der so viele andere Gemüsearten ausgesät werden und mein Gewächshaus und das Frühbeet mit Aussaatschalen vollstehen. Ich warte bis Anfang Mai, wenn die meisten meiner Jungpflanzen nach draußen gewandert sind. Ich säe nur eine kleine Menge (nicht mehr als sieben oder acht) der kleinen Samen in einen 7-cm-Topf und siebe eine dünne Schicht Erde darüber. Nach dem Gießen stelle ich das Gefäß ins Frühbeet. Im Gewächshaus ist es zu warm und die kleinen Töpfe trocknen schnell aus.

Trotz seiner langen Anbauzeit keimt Sprossenbrokkoli schnell. Nach vier Wochen können die Keimlinge einzeln in 7-cm-Töpfe gepflanzt werden. Manchmal quetschen sich Schnecken auf Beutezug ins Frühbeet, daher stelle ich Fallen auf. Dafür verteile ich leere Joghurteimer mit warmem Bier zwischen den Sprossenbrokkoli-Pflanzen.

Pflanzen

Ich pflanze meinen Sprossenbrokkoli, wenn der Sommer anfängt. Die Pflanzen wurzeln dann schnell ein und entwickeln sich im warmen Boden gut. Sobald ich die Sämlinge getopft und gegossen habe, bereite ich die Beete vor. Ich bringe eine Schicht Mulch – eine Mischung aus biologischem Mist und eigenem Kompost – aus. Sprossenbrokkoli wächst in der Sonne und im Halbschatten gut.

Oben Sprossenbrokkoli pflanzt man zwei bis drei Wochen nach dem Topfen aus.

Unten Direkt nach der Keimung bekommen die Pflänzchen ihre violette Färbung.

Oben Mit Netzen schütze ich meinen Sprossenbrokkoli vor Kohlweißlingen und Vögeln. Die Netze sind strapazierfähig und mehrfach verwendbar.

Gegenüber Ich ernte die Triebe mit Knospen und einigen Blättern mit einer kleinen, scharfen Schere.

Gegenüber, unten Ich ernte immer zuerst den obersten Blütenansatz des Haupttriebs. Dann bilden die Seitentriebe ebenfalls Knospen.

Etwa Mitte Juni pflanze ich den Sprossenbrokkoli mit 30 cm Abstand in die Beete. Der Abstand wirkt erst einmal sehr groß, aber die Pflanzen wachsen schnell und bilden viele breite Blätter, mit denen sie die Sommersonne gut nutzen können. Währenddessen müssen sie mit Netzen vor Kohlweißlingen (S. 30) und hungrigen Tauben geschützt werden. Den Sommer über bekommen die Pflanzen alle vier Tage 10 l Wasser sowie wöchentlich stickstoffreichen Brennnesseldünger (S. 8).

Wenn es im September morgens kühler wird, sind die Pflanzen schon so groß, dass sie mit stabilen Stangen gestützt werden müssen. Sonst kann es passieren, dass die Pflanzen bei starkem Wind im Herbst und Winter abknicken. Ich gieße dann weniger, um die Pflanzen für die niedrigeren Temperaturen fit zu machen. Von Oktober bis Februar kann ich die Pflanzen fast vergessen, denn Frost oder Schnee frieren das Wachstum quasi ein. Das Netz lasse ich übrigens auch im Winter auf den Pflanzen, denn Tauben lieben zu jeder Jahreszeit einen Brokkolisnack.

Ernten

Wenn das Frühjahr kommt, wachen die Pflanzen auf und bilden an den Haupt- und Seitenstielen zarte Triebe mit violetten Knospen. Diese kann man mit einem scharfen Messer oder einer Schere abschneiden. Ich ernte im März und April regelmäßig, denn je mehr ich abschneide, desto mehr Blütentriebe werden neu gebildet. Geerntet wird bis Anfang Mai, dann sind die Pflanzen endgültig erschöpft.

Küchen-Tipp

Nachdem ich so lange auf das Gemüse gewartet habe, wäre es eine Schande, es zu verkochen. Stattdessen dämpfe ich es etwa zehn Minuten. Währenddessen vermische ich gepressten Knoblauch, zerdrückte Anchovis, Butter und Olivenöl für eine *bagna cauda*-Sauce. Ich erwärme die Mischung auf niedriger Stufe in einer Pfanne, gebe sie über den Sprossenbrokkoli und serviere knuspriges Brot dazu – einfach köstlich!

SALAT

Lactuca sativa

Ich erinnere mich noch, wie ich das erste Mal Salat angebaut habe. Nicht in Aussaatschalen, sondern einfach in 7-cm-Töpfen von gekauften Erdbeerpflanzen. Die unzähligen Sorten, aus denen ich wählen konnte! So eine Vielfalt kannte ich aus dem Supermarkt nicht. Als ich herausfand, was ich alles anbauen könnte, konnte nicht glauben, was es als Alternative zu Eisbergsalat und schlaffen Blättern in Tüten auszuprobieren gab.

Säen in Frühjahr und Sommer

Wenn ich wollte, könnte ich meine Salat-Saison schon im Januar starten. Warum? Weil Salat schon ab 2 °C keimt. Ich widerstehe der Versuchung aber und widme mich in diesem Monat der Aussaat von Chili, Paprika und Auberginen. Mit den Salaten warte ich bis Februar. Dann lege ich die ersten Samen.

Dem Salat ist es ziemlich egal, in welchem Gefäß er ausgesät wird, solange es Abzugslöcher hat. Im Februar verteile ich die Samen auf einer 5 cm dicken Schicht Aussaat-

Rekhas Lieblinge

'Merveille de Quatre Saison' (Buttersalat)

Grüner Eichblatt (Blattsalat)

'Oriental Mix' (Schnittsalat)

'Parris Island' (Römersalat)

erde und siebe eine dünne Schicht Erde darüber. Säen Sie nur kleine Mengen aus, sonst essen Sie später wochenlang nur Salat. Gießen Sie dann von unten (S. 98) oder mit einer feinen Brause, damit die Samen nicht weggespült werden. Ist die Erde feucht, können die Gefäße in ein unbeheiztes Gewächshaus oder Frühbeet gestellt werden.

Nach dieser ersten Februar-Saat ziehe ich jeden Monat ein paar Salate vor. Im Juli höre ich damit auf, denn wenn es nachts über 15 °C hat, keimt Salat nicht mehr. Die Wintersaaten keimen nach 3–5 Tagen und können nach zwei Wochen in Anzuchtplatten getopft werden. Darin können sich die Wurzeln ausbreiten und Nährstoffe aufnehmen, ohne wie in einer Schale um Platz und Nahrung zu konkurrieren. Ich gieße, bis unten Wasser aus dem Topf läuft, und schütte das Restwasser weg.

Garten-Tipp

Sorgen Sie für eine bunte Ernte, indem Sie verschiedene Sorten anbauen. Ich mag besonders Schnittsalate und säe sie in große Pflanzgefäße, die ich ins Gewächshaus stelle. Man kann sie schon nach zehn Tagen ernten, ohne dass man sie vorher ausdünnen oder topfen muss. Die Pflanzen wachsen nach dem Schneiden weiter. Ich kann bis zu viermal ernten, bevor die Blätter alt und bitter werden.

Pflanzen

Anfang April können die ersten Salate nach draußen gepflanzt werden. Ich halte Vlies bereit, mit dem ich sie abdecken kann, falls Frost angesagt ist. Vor dem Pflanzen

Ganz links Ich löse die zarten Sämlinge mit einem Pikierstab.

Links Halten Sie die Pflänzchen beim Vereinzeln immer an einem Blatt und nicht am Trieb.

Oben Salate kann man wunderbar in umgenutzte Gefäße wie diese alte Schubkarre pflanzen.

Mitte Einen Monat nach dem Topfen haben Salate kräftige Wurzeln und können gepflanzt werden.

Rechts In der Schubkarre sind die Salate für Schnecken nicht erreichbar.

jäte ich das Unkraut mit der Hand. Dann harke ich etwas organischen Dünger in den Boden. Um Platz zu sparen, pflanze ich die ersten Jungpflanzen enger als die 15 cm, die auf den meisten Samentüten empfohlen werden. Nach zwei Wochen dünne ich die Pflanzen auf den empfohlenen Abstand aus. So kann die Luft besser um die Pflanzen wehen. Die ausgedünnten Pflanzen setze ich an eine andere Stelle und kann so noch mehr ernten. Setzen Sie Salate nicht zu eng, sonst werden die Blätter von der Grauschimmelfäule, einer Pilzkrankheit, befallen (S. 43).

Wärmt die Frühlingssonne den Boden, erwachen nicht nur die Unkrautsamen, sondern auch die überwinternden – und hungrigen – Schnecken. Sobald ich meine Salate gepflanzt und gegossen habe, stelle ich in der Nähe Bierfallen (S. 10) auf. Dann decke ich die Jungpflanzen mit einer Pflanzglocke ab, damit die Blätter bei unerwarteten Nachtfrösten keinen Schaden nehmen. Damit sie schneller wachsen, lasse ich die Glocken auf den Salatpflanzen. Wenn es im Mai wärmer wird, entferne ich die Glocken und nutze sie im Herbst wieder für Pflanzen, die dann noch im Freien wachsen. Salat muss feucht und unkrautfrei gehalten werden. Er mag es nicht, wenn er vernachlässigt wird.

Garten-Tipp

Salate eignen sich für das Aussäen in Sätzen. So bezeichnet man das regelmäßige Aussäen kleiner Mengen, um immer etwas ernten zu können. Ich säe alle 3–4 Wochen Salate.

Säen im Herbst

Im September säe ich nur noch Römersalate aus, denn sie vertragen niedrige Temperaturen. Die Samen keimen nach 3–5 Tagen und können nach etwa zwei Wochen getopft werden. Da ich diese Salate ins Gewächshaus pflanzen möchte, setze ich sie später in Töpfe oder Kübel, die mindestens 1 l fassen. Im Gewächshaus sind sie vor dem Winterwetter geschützt und wachsen weiter.

Ernten

Das Herrliche an Salat aus dem eigenen Garten ist, wie schnell man etwas ernten kann. Sogar kleinste Pflänzchen, die beim Topfen übrig geblieben sind, nutze ich. Ich wasche sie und gebe sie im Ganzen in meine Salatschüssel. Die eigentliche Ernte beginnt etwa vier Wochen nach dem Auspflanzen. Meine ersten, im Februar gesäten Buttersalate sind also etwa im Mai fertig. Ich ernte nach Bedarf ganze Köpfe oder einzelne Blätter von außen nach innen. Der Rest kann im Beet weiterwachsen. So bleibt er bis zum nächsten Ernten frisch.

Perfekter Partner: Knoblauch

Als ich zum ersten Mal Salat anbaute, wurden meine Pflanzen von Blattläusen geplagt. Und das sogar im Freien, wo der Wind die Insekten eigentlich stört. Dann erfuhr ich, wie der starke Duft von Knoblauch (S. 100–103) Blattläuse abschreckt, wenn man ihn zum Salat pflanzt. Die zwei sind ein gutes Paar: Der Knoblauch hält den Salat gesund und der Salat wird geerntet, bevor seine Wurzeln den Knoblauch beim Wachsen stören.

Ganz links Butter- und Schnittsalate können einen Monat nach dem Pflanzen geerntet werden.

Links Ganze Köpfe bleiben länger frisch, wenn man sie mit der Wurzel erntet.

RETTICH & RADIESCHEN

Raphanus sativus

Radieschen mag ich überhaupt nicht. Ich kann ihren scharfen Senfgeruch nicht ertragen. Baue ich sie trotzdem an? Ja, weil meine Familie sie liebt. Und da man sie einen Monat nach der Aussaat ernten kann, gehören sie zu den am schnellsten reifenden Gemüsearten. Daher sind sie wunderbar geeignet, Kinder fürs Gärtnern zu begeistern. Hinsichtlich des benötigten Platzes sind Radieschen keine Diven. Sie wachsen auch in kleinen Töpfen oder zwischen Reihen von Zwiebeln oder anderem Gemüse. Ich beschreibe hier den Anbau von Radieschen. Auf S. 26 gibt es aber auch einen Hinweis zu Rettich, den ich liebe.

Rekhas Lieblinge

Radieschen
'Felicia'
'French Breakfast'

Rettich
'Black Spanish'
'Daikon'

Aussäen im Haus

Im Laufe der Jahre habe ich ein, zwei Dinge über den Radieschenanbau gelernt. Zum einen vertragen sie zwar

keinen Frost, können aber schon bei einer Bodentemperatur von 5 °C keimen. Ich kann sie Anfang April im Gewächshaus oder unter einer Pflanzglocke aussäen. Zum anderen hassen Radieschen es, wenn ihre Wurzeln gestört werden. Ich säe also nicht in Schalen. Der Schock beim Umpflanzen könnte sie absterben lassen. Stattdessen säe ich die ersten Radieschen des Jahres in 13-cm-Tontöpfe, in die ich feuchte Erde gebe, die ich mit dem Aussaatstempel andrücke. Ich lege die Samen mit 2 cm Abstand hinein und siebe eine 1 cm dicke Schicht Erde darauf. Dann bekommen sie einen kräftigen Guss Wasser und werden zum Keimen ins Gewächshaus gestellt.

Auch wenn Radieschen Kälte vertragen und geschützt stehen, lege ich jeden Abend ein Vlies darüber, sobald die Keimlinge zu sehen sind. Das schützt sie vor plötzlichen starken Temperaturstürzen in der Nacht. Das Wetter im Vereinigten Königreich ist in dieser Jahreszeit unberechenbar – mein Kleingarten in London war im April schon einmal eingeschneit und ich gehe lieber kein Risiko ein.

Oben Das Andrücken der Erde sorgt für einen guten Bodenschluss.

Mitte Radieschensamen sind groß und können gut einzeln abgelegt werden.

Rechts Ich gieße mit einer feinen Brause. So werden die Samen nicht weggeschwemmt.

Unten Nach dem Keimen dünne ich die Sämlinge aus, damit sie Platz haben, Knollen zu bilden.

Aussäen im Freiland

Wie Salat eignen sich Radieschen für die Aussaat in Sätzen (S. 22). Daher säe ich etwa monatlich einige Radieschen aus, sodass ich meine Familie regelmäßig damit versorgen

kann. Nach den letzten Frösten (etwa Mitte Mai) säe ich direkt ins Freiland.

Vor jeder Aussaat sorge ich dafür, dass das Beet vorbereitet ist. In Sachen Feuchtigkeit brauchen die Wurzeln ein wenig Aufmerksamkeit (s. unten). Daher wähle ich einen Platz im Halbschatten mit durchlässigem Boden und arbeite eine gute Menge verrotteten Mist ein. Dann ziehe ich mit dem Finger eine etwa 1 cm tiefe und 15 cm lange Rille. Ich lege eine kleine Menge Samen hinein, gieße sie an und lasse sie keimen. Nach 7–10 Tagen dünne ich die Sämlinge auf 3 cm Abstand aus, indem ich die schwächeren entferne.

Da Radieschen klein sind und schnell wachsen, sind sie wunderbare Zwischenfrüchte (Aussaaten oder Pflanzungen zwischen zwei Kulturen). Sie passen gut zu langsam wachsendem Gemüse wie Pastinaken oder zwischen Zwiebelreihen, denn sie sind längst geerntet, wenn die Zwiebeln dicker werden. Wenn ich Erbsen säe, lege ich ein paar Radieschensamen dazwischen. Noch bevor die Erbsenpflanzen 15 cm hoch sind, kann meine Familie schon frische Radieschen knabbern.

Pflegen und ernten

In der kurzen Phase zwischen Aussäen und Ernten ist es wichtig, die Erde feucht zu halten. Bei Trockenheit, zum Beispiel an einem unerwartet warmen Tag oder weil ich das Gießen vernachlässige, werden Radieschen zickig und »schießen« (bilden einen Blütenansatz). Dadurch werden die kleinen Knollen ungenießbar.

Wenn ihre Knollen sich leicht aus der Erde schieben, ist das das Zeichen, dass die Radieschen erntereif sind. Man kann sie dann einfach mit der Hand herausziehen. Inzwischen habe ich sogar den Dreh raus, wie ich die Radieschen in einem Schwung aus dem Beet ziehen und gleichzeitig Erde abstreifen kann.

Winterrettich

Rettiche sind größer als Radieschen und robuster. Die weißen 'Daikon'-Rettiche mag ich am liebsten. Man kann sie im Frühling aussäen, aber ich finde, dass sie besser wachsen, wenn man sie im Spätsommer aussät, wie Schwarzen Rettich.

Ich säe sie etwa Ende August, wenn der Boden noch warm ist, im Freiland, genau wie Radieschen, nur mit etwa 5 cm Abstand. Wenn sie nach zwei Wochen das erste Blattpaar gebildet haben, dünne ich sie auf 10 cm Abstand aus. 'Daikon' bildet große, weiße Speicherwurzeln, 'Black Spanish' wird schwarz und schön rund, daher brauchen beide Platz. Den Boden halte ich gleichmäßig feucht. Ende Oktober ragen die Rettiche aus dem Boden und können geerntet werden.

Oben 'Black Spanish', ist ein runder, innen weißer Winterrettich.

Mitte Ziehen Sie Radieschen nach Bedarf an den Blättern aus der Erde.

Rechts Säen Sie mehrere Sorten aus. Dann können Sie eine bunte Mischung aus Farben und Formen ernten.

FRÜHKOHL

Brassica oleracea var. *capitata*

Bevor ich anfing, Kohl anzubauen, rümpfte ich beim Anblick der massiven Blattbälle im Supermarkt die Nase. Damals wurden sie in Plastikfolie verpackt verkauft und der faulige Geruch, der mir beim Auspacken entgegen kam, schreckte mich ab, vor allem aber auch meine Familie. Ich wusch die zerkleinerten Blätter vor dem Kochen mit Essig, um den Geruch zu überdecken. Dann fing ich an, eigenen Kohl anzubauen, und entdeckte, wie schön er sein kann: die breiten, tiefgrünen Blätter mit Zeichnung und wachsigem Glanz, der Wasser abperlen lässt. Das Aufrollen der Blätter zu dichten Köpfen markiert einen Wechsel der Jahreszeiten, wenn die letzten Wintergemüse geerntet sind und die ersten Frühlingstage beginnen. Und der Geschmack! Ich erinnere mich, dass ich »mild« sagte, als ich den ersten eigenen Kohl kochte – revolutionär!

Rekhas Lieblinge

'Greyhound' (Spitzkohl)
'Primo'
'Brunswijker'

Aussäen und ausdünnen

Frühkohl beginnt sein Leben im November. Ich verwende Anzuchtplatten, fülle sie mit Anzuchterde, drücke diese an und lege dann je drei Samen in die Kammern. Anschlie-

ßend siebe ich eine 1 cm dicke Schicht Erde darüber. Ich gieße die Platten von unten (S. 98) an und stelle sie ins Gewächshaus. In dieser Jahreszeit verdunstet nur wenig Feuchtigkeit und ich gieße erst wieder, wenn etwas mehr als die obere Hälfte der Erde trocken ist. Das stelle ich fest, indem ich einen dünnen Bambusstab am Rand des Töpfchens in die Erde stecke – so ähnlich, wie man den Ölstand im Auto prüft.

Nach etwa einer Woche zeigen sich die Keimlinge. Ich entferne dann sofort die zwei schwächeren aus jedem Töpfchen und lasse den stärksten wachsen, bis er vier Laubblätter hat. Das ist etwa vier Wochen nach der Aussaat der Fall. Ich topfe die Pflänzchen dann in 7-cm-Töpfe mit Universalerde um, gieße sie an und stelle sie ins Gewächshaus. Wenn es kühler wird, wachsen sie langsamer und die Pflanzen gehen in die Wachstumsruhe. Dann gieße ich nur noch, wenn die Erde sich trocken anfühlt, wenn ich meinen Finger hineindrücke.

Pflanzen

Ich pflanze meinen Kohl Anfang März, aber die Arbeit beginnt schon zwei Wochen vorher, denn die Pflanzen müssen abgehärtet werden (S. 12). Bisher kennen sie nur das gemütliche Gewächshaus und es wäre ein Schock für sie, wenn man sie direkt nach draußen setzen würde. Als Zwischenschritt stelle ich sie Ende Februar ins Frühbeet, einer Art Kiste mit Deckel, aber ohne Boden. Meins hat Glasscheiben und einen Aluminiumrahmen und ich kann den Deckel aufstellen. Darin können sich die Pflanzen langsam an die Bedingungen im Freien gewöhnen.

Nach zwei Wochen bringe ich reifen Kompost auf die Beete auf und sorge mit meinen Füßen (Ferse-Zehen, Ferse-Zehen) für guten Bodenschluss. Danach harke ich eine Handvoll Horn- und Knochenmehl ein. Für jede Pflanze grabe ich ein Loch, das so tief ist, dass der Wurzelballen hineinpasst und die untersten Laubblätter auf Höhe der Erdoberfläche sitzen. Dann drücke ich die

Ganz oben Decken Sie die kleinen Samen mit gesiebter Erde ab, durch die sie leicht hindurchwachsen können.

Oben Steht nur noch ein Pflänzchen im Topf, bildet sich schnell das zweite Paar Laubblätter.

Oben Setzt man Frühkohl relativ eng, bildet er Köpfe, die die perfekte Größe für eine Mahlzeit haben.

Gegenüber rechts und unten Ende Mai hat Spitzkohl schöne Köpfe gebildet und kann geerntet werden. Bevor ich sie mit nach Hause nehme, entferne ich die festeren, äußeren Blätter und gebe diese direkt auf den Komposthaufen.

Pflanze fest hinein. Die Angaben auf den Samentüten sind für die Ernte von großen Köpfen gedacht. Ich bevorzuge kleinere und lasse zwischen den Pflanzen nur 20 cm Platz.

Nach dem Pflanzen gieße ich den Kohl an der Basis und stelle Bierfallen für die Schnecken auf (S. 10). Anschließend spanne ich Netze, die zwei Schädlinge abhalten: Tauben und Kohlweißlinge. Beide könnten meine Arbeit der letzten vier Monate vernichten. Die Schmetterlinge legen von Vollfrühling bis Spätsommer Eier auf die Unterseite der Kohlblätter, aus denen Raupen schlüpfen, die die Blätter abfressen. Die Schmetterlinge können im Laufe einer Gartensaison drei Generationen bilden. Mit den Netzen tue ich alles, was mir möglich ist, einen Angriff zu verhindern, bevor die erste Generation aktiv ist.

Kohl ist hungrig und durstig. Mit Kompost und dem Horn- und Knochenmehl, das ich vor dem Pflanzen gebe, hat er reichlich Nahrung. Wenn es im Frühling warm ist, gieße ich jeden zweiten Tag. Wassermangel kann die Pflanzen stressen. Sie können schießen (blühen) und die Blätter werden bitter und schmecken nicht.

Ernten

Nach der harten Arbeit lehne ich mich zurück und sehe zu, wie sich Köpfe bilden. Sechs Wochen nach dem Pflanzen prüfe ich die Herzen, indem ich meine Hände darum lege und fühle, wie dicht die Blätter sitzen. Auch Schnecken freuen sich über Kohl. Daher kontrolliere ich beim Gießen, ob sie Schäden verursacht haben, und fülle bei Bedarf die Bierfallen auf.

Manchmal habe ich den Kohl Anfang Mai geerntet. Zu meiner Verteidigung muss ich sagen, dass die Pflanzen eindeutige »Iss mich jetzt«-Signale gesendet haben! Wenn ich es aushalte, sind sie etwa neun Wochen nach dem Pflanzen oder sechs Monate nach dem Aussäen fertig, also etwa Ende Mai oder Anfang Juni. Schon beim Schneiden der Strünke mit der Astschere läuft mein Gehirn auf Hochtouren und ich male mir aus, was ich alles kochen werde.

Küchen-Tipp

Ich erinnere mich, wie meine Schwiegermutter überlegte, was sie aus dem Kohl machen könnte. Ihre Spezialität war *Muthiya,* würzige, gedämpfte Kohlbällchen (»muthi« bedeutet »eine Faust machen«). Mehl, Gewürze, gehackter Kohl, Zwiebelscheiben und gehackter Koriander werden mit etwas Wasser und Öl zu einem Teig verarbeitet und zu Bällchen geformt. Es ist ein bescheidenes Gericht, aber wegen der duftenden Dampfwolke, die entsteht, wenn es fertig ist, bin ich froh, dass ich zugesehen und zugehört habe.Danke Mama.

LAUCH-ZWIEBEL

Allium fistulosum

Lauch- oder Frühlingszwiebeln sind pflegeleicht. Sie wachsen selbst auf kleinster Fläche, sogar im Haus auf einer hellen Fensterbank in der Küche oder an einem windigen Standort im Freien. Trotz ihres Namens kann man sie das ganze Jahr über anbauen, sogar im tiefsten Winter. Beginnt mein grüner Daumen im Januar zu jucken, ziehe ich ein paar Lauchzwiebeln im Gewächshaus in einem Topf vor und kann mir sicher sein, dass sie austreiben werden – wenn auch langsamer als im Rest des Jahres. Sie haben kein festgelegtes Erntefenster: Man kann sie schon nach vier Wochen ernten und wie Schnittlauch zu einem Kartoffelsalat verwenden oder nach zwölf Wochen, in einer Art Tabbouleh. Statt viel Petersilie und Minze mische ich zu gleichen Teilen Lauchzwiebeln, Petersilie und gewürfelte Radieschen darunter. 20 Wochen nach dem Stecken verwende ich sie gewürfelt in einem Teig aus Kichererbsenmehl, aus dem ich glutenfreie Pfannkuchen mache. Sogar wenn sie schießen, kann man die Samen noch essen. Sie schmecken auf selbst gebackenem Naan hervorragend.

Rekhas Lieblinge

'Lilia'
'North Holland Bloodred'
'Purplette'
'Redmate'
'White Lisbon'

Aussäen

Wie schon erwähnt, säe ich im Winter in Töpfe. Ich verwende 3-l-Töpfe. Wenn es im Gewächshaus warm, aber nicht heiß ist, gieße ich so wenig wie möglich. Manchmal sehen die Spitzen zwar trocken aus, aber die Erde ist noch feucht. Ich gieße daher nur, wenn sie sich trocken anfühlt, wenn ich meine Finger am Topfrand über mehr als die halbe Topftiefe hineinstecke.

Durch Übergießen oder dauerhafte nasse Erde bekommen die Wurzeln keine Luft und die Pflanzen können frühzeitig absterben. Außer dem Beachten der Bodenfeuchtigkeit brauchen Lauchzwiebeln bis zum Ernten keine weitere Aufmerksamkeit.

Ab März säe ich lieber direkt ins Freiland. Im Frühjahr ist es nicht nötig, Anzuchtplatten oder -töpfe zu verwenden, denn sie sind in dieser Zeit, in der ich versuche, so viele

Ganz rechts Durch die Wärme im Gewächshaus sind die im Januar gesäten Zwiebeln innerhalb von vier Wochen gewachsen.

Rechts Diese Lauchzwiebeln wurden vor acht Wochen direkt ins Beet gesät und können geerntet werden.

Gemüsearten und -sorten wie möglich auszusäen, knapp. Stattdessen mache ich das Beet, auf dem ich Möhren (S. 36–39) aussäen möchte, feinkrümelig und eben. Das klingt aufwendig, aber die Samen der Lauchzwiebeln liegen dann gleich tief und werden nicht unter Erdklumpen vergraben. So keimen sie gleichmäßiger.

Wenn ich die kurzen Rillen für die Möhren ziehe, säe ich die Lauchzwiebeln 1 cm tief in Reihen rechts und links der Rillen. So werden die Möhrensamen oder -keimlinge später nicht gestört. Dann bedecke ich die Lauchzwiebelreihen mit Erde und drücke sie vorsichtig an, damit sie guten Bodenkontakt haben. Zum Schluss gieße ich die neu gesäte Fläche vorsichtig mit einer Gießkanne mit feiner Brause.

Während die Frühlingssonne den Boden wärmt, kann die Keimung 5–12 Tage dauern. Keimt eine Reihe, säe ich die nächste. Bis Ende August säe ich alle drei Wochen Reihen zwischen meine Möhren. So habe ich bis zu den ersten Frösten im November immer reichlich Lauchzwiebeln.

Ernten

Normalerweise ernte ich Lauchzwiebeln nach etwa acht Wochen. Ich ziehe im Abstand von 5 cm ein oder zwei aus der Reihe. Lauchzwiebeln müssen nicht ausgedünnt werden und durch diese Art zu ernten, haben die anderen Platz zu wachsen. Nach dem Herausziehen aus dem Boden mit einem leichten Ruck an den Hälsen, streife ich die Erde ab.

Rechts Eine Reihe Lauchzwiebeln sondert starken Duft ab, der die Möhrenfliege von meinen feinen Möhrchen fernhält (S. 38).

Garten-Tipp

Schneiden Sie die Wurzeln beim Ernten nicht ab. Mit ihnen bleiben die Lauchzwiebeln länger frisch. Stellen Sie die Pflanzen am besten in ein Glas Wasser statt in den Kühlschrank.

Oben und links oben Ich ziehe immer drei oder vier Lauchzwiebeln aus dem Topf und lasse die anderen weiterwachsen.

Links Verletzen Sie die Wurzeln beim Ernten nicht und streifen Sie die Erde sorgfältig ab. Die Lauchzwiebeln bleiben dann länger frisch (s. Garten-Tipp).

MÖHRE

Daucus carota

Als ich das erste Mal eigene Möhren ernten konnte, fühlte ich mich, als ob ich eine neue Stufe des Gärtnerns erreicht hätte. Und das nicht nur, weil ich fünf Jahre dafür gebraucht hatte. »Das wird nichts«, sagten meine Gartennachbarn, bevor sie mir dann erklärten, dass es eines der schwierigsten Gemüse sei. Denn irgendwann wimmeln darin die Wurzelfliegenlarven. Ich ignorierte ihren Rat. Was sollte schon schiefgehen? Sie ahnen es. Die ganze Ernte war verdorben.

Ich brauchte drei weitere Jahre, um eine Lösung zu finden. Der Schlüssel war das Timing: Wann säe ich, was dünne ich aus und wann gieße ich, um den Befall zu verringern. Heute kann ich gesunde Möhren ernten.

Rekhas Lieblinge

'Nantes 2'
'Lunar White'
'Red Samurai'
'Solar Yellow'
'Touchon'

Aussäen

Möhren wachsen am besten in nicht zu nährstoffreichem Boden. Eine Fläche, auf der vorher Kürbisse standen, ist ideal. Ich grabe die Erde leicht um und arbeite Sand ein. Dadurch wird der Boden nährstoffärmer und bekommt eine leichte, offene Struktur. So können die Möhren in den Boden eindringen und wachsen gerade. Krumme Möhren entstehen in den meisten Fällen durch schweren Boden.

Ich säe die Möhren Anfang März. Am Tag vor der Aussaat harke ich das Beet und gieße es mit einer Gießkanne mit feiner Brause. Anschließend lege ich Vlies darüber. Es hält die Wärme im Boden. Alles ist vorbereitet.

Am nächsten Morgen lege ich das Vlies an einen Beetrand und ziehe im Abstand von 5 cm drei oder fünf Rillen mit 1 cm Tiefe. Ich mache die Rillen nur etwa 30 cm lang. So kann ich pro Reihe zwei oder drei Sorten auf knapp einem Meter unterbringen. Dann säe ich abwechselnd Lauchzwiebeln und Möhren. An den Beeträndern steht immer eine Reihe Lauchzwiebeln (s. Perfekte Partner). Der beißende Geruch der Zwiebeln überdeckt den Duft des Möhrenlaubs, welcher die Möhrenfliege anzieht. Anschließend schließe ich die Rillen mit Erde und drücke sie an. So haben die Samen guten Bodenkontakt. Danach gieße ich sie mit einer Gießkanne mit feiner Brause.

Als Letztes bedecke ich das Beet wieder mit dem Vlies. Es sorgt dafür, dass die Bodentemperatur steigt, was die Keimung beschleunigt. Sobald die Samen keimen, tausche ich das Vlies gegen ein Gemüseschutznetz. Diese feinen Netze lassen Licht, aber keine Möhrenfliegen oder andere Schädlinge hindurch. Vor kurzem habe ich Netze mit Löchern für Stangen gekauft. Ich stecke die Stangen in den Boden und verschließe die Netze unten mit Erde. So baue ich kleine Zäune um die Saatreihen. Die weiblichen Möhrenfliegen können sie nicht überwinden und meine Pflanzen sind gut geschützt. Außerdem stelle ich Bierfallen (S. 10) auf, denn Schnecken lieben Möhrensämlinge genauso wie die Möhrenfliegen.

Wenn es wärmer wird, ergreife ich weitere Vorsichtsmaßnahmen gegen die Möhrenfliege. Ich gieße nur noch spät abends. In der Dämmerung sind weniger Fliegen unterwegs und sie sind langsamer.

Oben Möhren kann man nicht einzeln säen. Die Samen sind winzig.

Unten Mit meinem japanischen Hori-Hori-Messer ziehe ich die flachen Rillen. Dabei orientiere ich mich an der Pflanzschnur.

Garten-Tipp

Kennt man den Lebenszyklus von Schädlingen, weiß man, wann sie aktiv sind. Die Möhrenfliege ist von Mitte Mai bis Juni unterwegs. Also säe ich im März und dünne die Möhren vor Mitte Mai aus. Der zweite Zyklus dauert von August bis September. Die im Juni gesäten Möhren keimen schnell und ich kann sie vor August ausdünnen. Je weniger ich die Möhren störe, desto besser ist die Ernte.

Unten Säen Sie als ökologischen Pflanzenschutz eine »Hecke« aus Lauchzwiebeln rechts und links der Möhrenreihe.

Ausdünnen

Sobald sich zwei Wochen nach dem Keimen die ersten Laubblätter entwickelt haben, beginne ich mit dem Ausdünnen. Wie beim Gießen mache ich das in der Dämmerung, wenn die Möhrenfliege weniger aktiv ist. Bei meiner Lieblingssorte 'Touchon' dünne ich die Sämlinge vorsichtig auf 5 cm Abstand zwischen den Pflanzen aus. Sie bildet lange Wurzeln und ich störe die Pflanzen so nur einmal.

Ernten

Auf den Samentüten wird meist empfohlen, die Möhren 12 bis 16 Wochen nach dem Keimen zu ernten. Ich ziehe jedoch schon nach etwa zehn Wochen, also Mitte Mai, eine oder zwei Möhren und schaue, ob mir ihre Größe gefällt. Ist das nicht der Fall, lasse ich die restlichen bis zum empfohlenen Termin stehen. Inzwischen weiß ich: Die Angaben sind nur Empfehlungen. Sie sind nicht in Stein gemeißelt. In manchen Jahren habe ich nach zehn Wochen geerntet, in anderen ließen sich die Möhren Zeit und ich konnte erst Anfang Juni ernten. Ich ernte, indem ich die Möhren erst kurz in den Boden drücke und dann herausziehe. Anschließend streife ich die Erde mit den Händen ab.

Im Juni säe ich ein zweites Mal Möhren, aber nie auf derselben Fläche wie die ersten. Ich brauche dann keine Netze, ansonsten ist der Ablauf derselbe. Diese Möhren können ab dem Herbst geerntet werden. Bei Möhren, die dann noch im Boden sind, schneide ich das Laub ab und decke die Reihen mit einer dicken Schicht Stroh ab, auf die ich schwarze Folie lege. So kann ich den Winter über bei Bedarf ernten.

Perfekter Partner: Lauchzwiebel

Durch den intensiven Geruch des Lauchzwiebellaubes (S. 34) werden die weiblichen Möhrenfliegen abgelenkt. Neben der Verwendung von Netzen säe ich abwechselnd Möhren- und Lauchzwiebelreihen. Lauchzwiebeln stehen immer auch am Rand und bilden eine zusätzliche Barriere.

Links Diese frisch geernteten Möhren sind gerade gewachsen und nicht von Schädlingen befallen.

Ganz links Anfang Juni ernte ich die im März gesäten Möhren. Dazu lege ich ein Brett ins Beet. Es verteilt mein Gewicht und der Boden wird nicht verdichtet.

Unten Ich liebe es, bunte alte Sorten anzubauen. Sie schmecken genauso gut wie die orangenen.

Küchen-Tipp

Möhrenkuchen ist mein Standardrezept, wenn ich eine gute Ernte hatte. Aber ich liebe es auch, Möhrenspalten in Sonnenblumenöl mit einem Schuss Sojasauce und einer Prise Paprikapulver zu werfen und sie bei großer Hitze 30 Minuten goldbraun zu rösten. Das Ergebnis ist äußerst köstlich.

MANGOLD

Beta vulgaris subsp. *cicla* var. *flavescens*

Ich liebe Mangold. Ich war dem blättrigen Verführer noch nicht begegnet, als ich nach England kam. Aber dann war es schnell um mich geschehen. Manchmal frage ich mich, was Spinat über Mangold sagen würde, wenn er sprechen könnte: vielleicht »Was denkt sich diese Pflanze eigentlich dabei, so mit ihren glänzenden Blättern herumzuwedeln?!«. Ich vermute, der Spinat wäre neidisch; vor allem auf die langen, farbigen Stiele. Naja, es soll mich nicht kümmern. Für mich haben Spinat (S. 112–115) und Mangold ihren eigenen Platz. Im Garten und in der Küche.

Aussäen

Haben Sie sich Mangoldsamen einmal angesehen? Es sind faszinierende kleine Dinger und ich erinnere mich, wie ich sie in einem März zum ersten Mal gesät habe. Ich verstreute einige Samen in einer Aussaatschale mit fester Erde, deckte sie mit 1 cm Erde ab und ließ sie eine Woche keimen. Als ich nachsehen kam, erschrak ich mich, denn wo ich die Samen abgelegt hatte, wuchsen drei, vier,

Rekhas Lieblinge

'Bright Yellow'
'Fordhook Giant'
'Rhubarb'

Garten-Tipp

Achten Sie auf Grauschimmelfäule (Botrytis). Die Pilzkrankheit breitet sich über die Luft aus, was im Gewächshaus oder an anderen geschützten, feuchten Stellen schnell gehen kann. Säen Sie Mangold daher nicht zu dicht, denn eine schlechte Belüftung wirkt auf die Krankheit sehr einladend. Ich lasse im Sommer meine Gewächshaustür immer offen.

manchmal sogar fünf Keimlinge. Ich fragte mich: »Hab ich es so übertrieben?« Nachdem ich etwas nachgeforscht hatte, erfuhr ich, dass jeder Mangold»samen« in Wirklichkeit aus mehreren Samenkörnern besteht. Inzwischen säe ich jeden März 20 »Samen« und achte darauf, dass sie gleichmäßig in der Aussaatschale verteilt sind. So gibt es weniger Probleme mit Pilzkrankheiten, die sich ausbreiten, wenn die Pflänzchen zu dicht stehen (s. rechts).

Ausdünnen und abhärten

Sind die Samen (nach etwa einer Woche bis zehn Tagen) gekeimt, dünne ich sie aus. Lässt man aus jedem »Samen« nur einen Keimling wachsen, hat dieser genug Platz. Die restlichen mische ich in Salat. Etwa fünf Wochen nach der Aussaat, wenn die Pflänzchen 2–4 Laubblätter haben, pflanze ich die Keimlinge in 7-cm-Töpfe mit torffreier Universalerde. Ich gieße sie kräftig und stelle sie zum Abhärten zwei Wochen ins Frühbeet.

Pflanzen

Im Frühling erwacht der Garten und mit ihm Unkräuter und Schädlinge. Vor dem Pflanzen halte ich das Beet unkrautfrei und stelle Bierfallen gegen Schnecken (S. 10) auf, sobald ich Schleimspuren und Kothäufchen sehe.

Oben Ich drücke die Mangoldsamen mit einem Schaschlikspieß einzeln in die Töpfchen.

Unten Die roten und gelben Stiele von buntem Mangold sorgen im April im Frühbeet für Farbe.

Oben Der abgehärtete Mangold wird Ende April gepflanzt. Ich drücke ihn gut fest, damit die Wurzeln Halt finden.

Mitte Pflückt man pro Pflanze jedes Mal nur ein oder zwei Stiele, hat man immer etwas zu ernten.

Rechts Mit seinen leuchtenden Farben passt Mangold nicht nur in den Gemüsegarten.

Ganz rechts Ich ernte nicht immer mit der Schere. Man kann die Stiele auch einfach von der Pflanze drehen.

Mangold ist anspruchslos und wächst, sofern er windgeschützt steht, in der vollen Sonne sowie im Halbschatten. Ich pflanze ihn ins Kohlbeet zu Rosenkohl und Grünkohl. Wird er durch Wind zu stark bewegt, kann er beginnen zu schießen. Ich habe damit aber noch nie größere Probleme gehabt. Schneiden Sie den Blütenstiel einfach ab. Die Pflanze wächst unbeeindruckt weiter.

Ende April, etwa sieben Wochen nach dem Aussäen, kann der abgehärtete Mangold ins Beet gepflanzt werden. Setzen Sie die Pflanzen mit 30 cm Abstand. So haben sie genug Platz zu wachsen und die Luft kann zwischen den Pflanzen durchziehen. Gießen Sie die Pflanzen dann kräftig. Bis zum Frühsommer sollten sie üppig wachsen. Bis dahin gehe ich auf Schädlingsstreife. Mangold kann (wie Spinat, Rote Bete und viele Blattgemüsearten) von der Rübenfliege befallen werden. Achten Sie auf ungleichmäßig verteilte Flecken auf den Blättern oder darauf, ob

Blätter klein bleiben und braun werden. Das sind Zeichen dafür, dass die Larven in den Blättern sitzen und fressen. Entfernen Sie befallene Blätter bei den ersten Anzeichen und verbrennen Sie sie. Sonst breiten die Larven sich aus.

Ernten

Die Blätter und Stiele sind etwa 15 Wochen nach der Aussaat so groß, dass man sie ernten kann. Damit ich von meinen wenigen Pflanzen lange ernten kann und damit sie weiterwachsen, ernte ich häufig, aber immer wenig. Am schnellsten geht das, indem man ein oder zwei Blattstiele von der Pflanzenbasis dreht. Später, wenn ich beim Jäten durch die Reihen gehe, säubere ich die Pflanzen, indem ich mit einer kleinen Schere beschädigte Blätter oder Stielstummel entferne. Das Schöne am Anbau von Mangold ist, dass man bis zum ersten starken Frost immer frische Stiele ernten kann, wenn man nie zu viel auf einmal erntet.

Küchen-Tipp

Mangold macht sich in der Küche gleich doppelt nützlich. Für Mangoldröllchen verteile ich auf den Blättern würzigen, glutenfreien Teig, rolle sie dann eng auf und lege sie in einen Dämpfeinsatz. Nach einer halben Stunde kann man die Röllchen in Scheiben schneiden und mit einer Tasse Masala Chai genießen. Die knackigen Stiele schneide ich klein und lege sie in einen Essigsud. Als Sauergemüse passen sie gut zu einem schönen Currygericht.

PETERSILIE

Petroselinum crispum

Als ich jünger war, dachte ich, die einzige Verwendung von Petersilie wäre, damit Speisen zu garnieren. Wie falsch ich lag! Schon ein bisschen glatte Petersilie bereichert Sommergerichte mit ihrem zarten, milden Geschmack. Die etwas festere, krause Petersilie verleiht Gerichten Tiefe, wenn man sie früh in lange garende Speisen gibt. Beide Varianten liefern über lange Zeit frische Blätter. In meinem Küchengarten ist Petersilie unverzichtbar!

Aussäen

Anfang April kann ich in meinem Gewächshaus (oder in diesem Fall in meinem Frühbeet) keine weitere Aussaatschale mehr unterbringen. Daher ziehe ich Petersilie im Haus vor. Da zu dieser Zeit alle Aussaatschalen und -platten für die Gemüseanzucht gebraucht werden, nehme ich 7-cm-Töpfe. Ich lege jeweils 3–4 Samen hinein. So haben die Pflanzen später genug Platz und stehen nicht zu dicht. Um eine hohe Luftfeuchtigkeit zu erreichen, decke ich die Töpfe nach dem Gießen mit einer Plastiktüte ab. Dann

Rekhas Lieblinge

'Lisette'
'Einfache Schnitt 3'

stelle ich die Töpfe auf meine sonnige Fensterbank in der Küche.

Petersilie braucht zum Keimen Wärme und Zeit. Manchmal dauert es drei Wochen, bis sie damit beginnt. Das stellt meine Geduld auf die Probe. Sobald es so weit ist, entferne ich die Abdeckung. Im Juli säe ich erneut Petersilie aus. Diesmal direkt in den warmen Boden der Beete. Die Sommersaaten keimen meist innerhalb weniger Tage.

Oben Krause Petersilie ist nicht ausdauernd, wächst aber ganzjährig – also eine ideale Pflanze für winterliche Kräutergärten im Haus.

Unten Schon ein paar Stiele glatte Petersilie bereichern Sommergerichte.

Vereinzeln und ernten

Eigentlich soll Petersilie zwei Wochen nach der Keimung vereinzelt werden. Ich lasse sie weiterwachsen. Erst nach etwa acht Wochen, wenn ich bemerke, dass die Sämlinge sich gegenseitig bedrängen, ziehe ich die schwächeren heraus. Sie haben dann 5–6 Laubblätter und ich kann sie zum Kochen verwenden.

Ob in Töpfen oder nach der Direktsaat im Beet, sobald sich die ersten Laubblätter bilden, ist es schwer, der Versuchung zu widerstehen frische Blätter zu pflücken. Ich halte mich trotzdem zurück. Die Pflänzchen wachsen über und unter der Erde und müssten sich doppelt anstrengen, wenn ich die Blätter abknipsen würde. Ich ernte erst, wenn die Pflanzen üppiger sind. Der Geschmack ist so viel intensiver als der von Petersilie aus dem Supermarkt und man braucht nicht viel: Ein paar Pflanzen reichen aus.

Küchen-Tipp

Im Frühsommer habe ich eine Kräuterschwemme. Dann bereite ich mit Petersilie, Rosmarin, Schnittlauch, Minze und Dill eine Kräuterbutter zu, die ich zu Scheiben forme und einfriere. Wenn ich sie im Winter über Kartoffeln zerlaufen lasse oder ein Kräuteromelett damit zubereite, kommen mit jedem Bissen die Erinnerungen an den Sommer zurück.

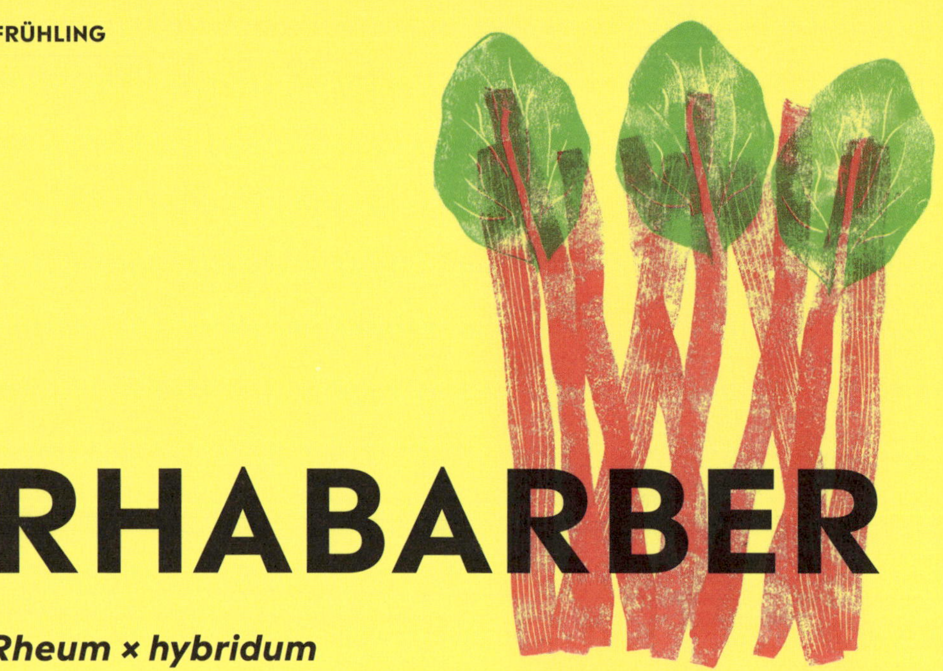

RHABARBER

Rheum × hybridum

Meine Familie verabscheute Rhabarber. Ja ich weiß, »verabscheuen« ist ein hartes Wort, aber es war so. Zugegeben, wir kannten nur gekauften. Er war schlaff und schmeckte fad. Niemals wollte ich selber welchen anbauen. Sie können sich vorstellen, wie schockiert ich war, als ich meinen neuen Garten das erste Mal genauer ansah und einige Rhabarberpflanzen entdeckte! »Weg damit«, sagte meine Familie (einstimmig). Aber ich war neugierig. Ich beschloss, sie ein Jahr wachsen zu lassen und dann zu verarbeiten. Würden wir Rhabarber dann immer noch nicht mögen, würde ich die Pflanzen ausgraben und verschenken.

Das war 2012 und der Rhabarber steht heute noch im Garten. Dank Rhabarberkuchen (S. 51) blieben die Pflanzen verschont und wir freuen uns jedes Jahr auf die Ernte.

Rekhas Lieblinge

'Fulton's Strawberry Surprise'
'Timperley Early'
'Victoria'

Vorbereiten und pflanzen

Wie viele Kleingärtner habe ich meinen Rhabarber geerbt. Die ausdauernden Pflanzen bilden jedes Jahr Seitenknollen. Die älteren Knollen sterben ab. Möchten Sie ein neues

Rhabarberbeet anlegen, empfehle ich, dies im Winter zu tun, wenn die Knollen in der Ruhephase sind und man sie wurzelnackt günstig bekommt. Natürlich könnte man im Sommer Pflanzen kaufen. Diese sind jedoch teurer. Ernten kann man im ersten Jahr in beiden Fällen nicht, denn das würde die Pflanze beim Einwachsen stören.

Rhabarber wächt im Halbschatten am besten. Meiner stand zwar an einem passenden Standort, aber so nah an den Beerensträuchern, dass er sie bedrängte. Die tolle Sorte 'Timperley Early' brauchte ihre eigene Fläche. Ich wartete, bis die Pflanzen im November ihre Blätter abgeworfen hatten und in die Wachstumsruhe gegangen waren. Dann bereitete ich neben dem Kompost eine neue Fläche vor. Dort stehen die Pflanzen schattiger. Die Fläche war zwar nur einen Quadratmeter groß, das Umgraben und Lockern des Bodens dauerte aber über eine halbe Stunde. Anschließend arbeitete ich zwei Säcke Mist ein.

Beim Setzen von neuen Rhizomen oder beim Umpflanzen von alten ist es wichtig, dass die Mitte (wo die neuen Triebe entstehen) etwas aus der Erde herausschaut. Drücken Sie die Erde gut an, damit keine Hohlräume bleiben und die Wurzeln Kontakt zum Boden haben. Dann nur noch angießen (nicht ertränken) und in Ruhe lassen.

Oben Treibt der Rhabarber im Frühjahr aus, mulche ich die Pflanzen mit einer Mischung aus Stroh und Mist.

Regelmäßige Pflege

Rhabarberpflanzen sind hungrig – deswegen habe ich so viel Mist eingearbeitet – und durstig. Sobald sie im Frühjahr zum Leben erwachen, achte ich, vor allem wenn die Temperaturen steigen, darauf, wie feucht der Boden ist. Ungefähr zu Mittsommer lege ich reichlich Stroh um die Pflanzenbasis. So läuft das Wasser langsam zu den Wurzeln und es verdunstet nicht so schnell aus dem Boden. Die Pflanzen müssen weiter gegossen werden, etwa zweimal die Woche, bei großer Hitze auch öfter. Aber das Stroh hat einen deutlichen Effekt.

Im ersten Jahr wird nur gepflegt. Denken Sie daran, keine Stangen zu ernten, denn die Pflanzen brauchen ihre

Energie, um kräftige Wurzeln zu bilden. Halten Sie die Pflanzen nur feucht und sauber. Entfernen Sie welkes Laub, damit Luft besser durch die Pflanzen wehen kann und es nicht zu einem Befall mit Schädlingen und Krankheiten kommt.

Vortreiben und ernten

Meine ersten Stangen erntete ich im Frühjahr, über ein Jahr nach dem Umpflanzen. Sie waren viel dicker als die schlaffen, die ich aus dem Supermarkt kannte, und das Laub sah aus wie riesige Fächer.

Sie können Rhabarber einfach wachsen lassen und im April etwa ein Drittel der Stangen ernten. Ich nutze aber die alte Methode des »Vortreibens«. Ein wenig Geschichte: In den 1870er-Jahren entwickelten die Rhabarberbauern im »Rhabarber-Dreieck« (zwischen Leeds, Bradford und Wakefield) eine Methode, den Geschmack der Stangen zu verbessern. Zu diesem Vortreiben gehörte das Abdecken der Pflanzen, sobald sie im Frühjahr austreiben. Im Dunkeln bleiben die Blätter gelb und die Nährstoffe, die die Pflanze für die Blattbildung verwendet hätte, bleiben in den Stängeln. Diese sind dann saftiger als im Tageslicht gewachsene.

Die Rhabarberbauern in Yorkshire bauten sogar spezielle Schuppen für das Vortreiben. Auf meiner Fläche betreibe ich nicht so viel Aufwand. Statt der üblichen Treibtöpfe aus Ton nutze ich, was ich sowieso besitze: lange, schwarze Kunststoffrohre. Auch eine Tonne aus Metall oder ein umgedrehter Karton wären möglich. Zum Winterende stülpe ich die Rohre über ein Drittel meiner Pflanzen. Für eine frühe Ernte lasse ich sie 4–5 Wochen bis Mitte März so stehen. Darunter finde ich dann köstliche, zarte Stangen, die ich vorsichtig, aber mit Kraft von der Basis ziehe.

Ob vorgetrieben oder nicht, Rhabarber aus dem Garten ist kräftig und die Stangen sind dreimal so dick wie die aus dem Supermarkt. Und der Geschmack? Bisher hat keine gekaufte Stange ihn erreichen können. Wie man in Yorkshire sagt: »Das reicht aus.«

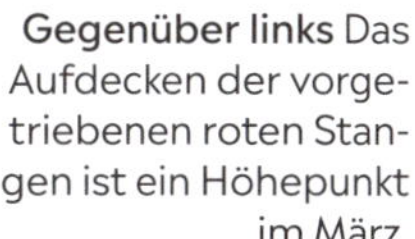

Gegenüber links Das Aufdecken der vorgetriebenen roten Stangen ist ein Höhepunkt im März.

Gegenüber rechts Achten Sie beim Ernten darauf, dass ein Stück der weißen Knolle an der Stange bleibt.

Links Ernten Sie von jeder Pflanze nur jeweils ein Drittel. Sie wird sonst zu sehr geschwächt.

Küchen-Tipp

Die Moral der Rhabarbergeschichte »sag niemals nie«. Früher haben wir ihn verabscheut, heute lieben wir ihn als Kuchen: Säuerlich, aber duftend, mit goldener Kruste und dicken, rosa Rhabarberstücken. Und nicht nur wir mögen ihn. Nachdem ich das Rezept bei Instagram und in einer Zeitschrift veröffentlicht habe, wird es jedes Frühjahr wieder Thema.

SOMMER

Sonnige Tage und warme Nächte liefern die lange erwarteten Sommergemüse. Ach, könnte man die bunte Ernte doch das ganze Jahr über genießen!

AUBERGINE

Solanum melongena

Die Aubergine stammt aus Südindien und hat eine lange Kulturgeschichte. Ihr Name leitet sich vom katalanischen Wort *alberginia ab*, der aus dem Arabischen stammt (*al-bādinjān*) – und wiederum seine Wurzeln im Persischen und im Sanskrit hat. Ein weitgereistes Gemüse!

Ich bin in einem heißen Land aufgewachsen und hasste Auberginen. Ich wünschte, meine Mutter würde aufhören, dieses schlecht schmeckende Fruchtgemüse anzubauen. Sie sagte, mein Geschmack würde sich ändern, und hatte recht. Jetzt bin ich etwas älter und vielleicht auch etwas weiser und kann nicht genug davon bekommen. In Sambia wurden die Auberginen auch ohne viel Pflege schön und ich erinnere mich, dass rechts und links davon Tagetes wuchsen. Ich ahnte nicht, dass diese blühenden Ränder der Schlüssel zum Ernteerfolg waren! Danke Mama.

Rekhas Lieblinge

'Black Beauty'
'De Barbentane'
'Rosa Bianca'
'Slim Jim'
'White Casper'

Aussäen und topfen

Es ist Anfang Januar, man hat jedem ein frohes neues Jahr gewünscht und die Heizmatte liegt parat für die Aus-

saatschalen. Im Garten gibt es zu dieser Jahreszeit kaum etwas zu tun: Der Boden ist entweder nass oder gefroren, das Gewächshaus kümmert sich um die Wintersalate und mir jucken die Finger. Zum Glück haben Auberginen eine lange Kulturzeit, was mir als gute Entschuldigung dient, loszulegen. Als Erstes weiche ich Quelltöpfe in lauwarmem Wasser ein und schaffe den Samen so die warme, feuchte Umgebung, die sie zum Keimen benötigen. Ich baue nur fünf Pflanzen an, eine von jeder Sorte, und es ist effektiver, sie einzeln in Töpfchen zu säen als in Schalen. Während die Quelltöpfe größer werden, öffne ich meine Kiste mit Saatgut und wähle – als ob ich das größte, schön verpackteste Schokobonbon aussuchen würde – sorgfältig aus, welche Sorte ich zuerst säen werde.

Nachdem ich überschüssiges Wasser aus den Quelltöpfen gedrückt habe, schreibe ich die Pflanzschilder und drücke mit einem kleinen Bambusstab zwei etwa 1 cm tiefe Löcher in die fluffigen Töpfe. In jeden lege ich zwei Samen; der zweite ist meine Versicherung, falls der erste nicht keimt. Selbst wenn ich die Quelltöpfe in ein Zimmergewächshaus mit Pflanzenlampen und einer Heizmatte stelle, stellen die Babys meine Geduld auf die Probe. Manchmal dauert es 30 Tage, bis sie keimen! Danach wächst der Sämling im Gewächshaus aber sehr schnell

Oben Auberginen brauchen die Wärme und Luftfeuchtigkeit eines Gewächshauses. Meine Töpfe stehen in Schalen, damit ich sie von unten gießen kann.

Unten Nach fünf Minuten Einweichzeit stecke ich je zwei Samen in einen Quelltopf.

Ganz links Auberginen werden umgetopft, wenn sie zwei Laubblattpaare haben.

Links Blattläuse an jungen Auberginenblättern besprühe ich mit Seifenlauge.

und bekommt nach nur sieben Tagen das erste Paar Laubblätter. Zwei Wochen später, wenn das zweite Paar Laubblätter sich öffnet und die Wurzeln sich aus dem Quelltopf schieben, setze ich sie in 7-cm-Töpfe, in die ich etwas Erde gefüllt habe. Während ich dann mit einer Hand die Blätter schütze, fülle ich die Töpfe auf und drücke die Erde um die Pflanze fest, ohne dabei den zerbrechlichen Trieb zu berühren. Anschließend gieße ich mit einer kleinen Kanne ohne Brause, damit die Blätter nicht nass werden. Die Töpfe stelle ich wieder ins Zimmergewächshaus.

Pflanzen

Ende März pflanze ich die Pflänzchen in etwas größere Töpfe. 9 cm sind perfekt, denn das Wasser wird schnell von den Wurzeln aufgenommen und versickert nicht wie in einem größeren Topf nach unten. Ich entferne den Deckel vom Zimmergewächshaus, aber die unbewegte Luft im Haus lockt Blattläuse zu den Pflanzen. Meine Lösung ist ein elektrischer Ventilator, den ich etwa 40 cm von den Pflanzen entfernt auf niedriger Geschwindigkeit laufen lasse. So werden die Blattläuse gestört und die Triebe werden stabiler. Im Freiland würde das durch den Wind passieren.

Mitte April, zwei Wochen bevor die Pflanzen ins Gewächshaus umziehen, gebe ich ihnen einen Algen-Flüssigdünger (3–4 Tropfen auf 1 l Wasser). Dieser Nährstoffschub hilft ihnen, sich an ihr neues Zuhause anzupassen. Am Tag vor dem großen Umzug schattiere ich das Gewächshaus, damit die zarten Blätter durch das starke Sonnenlicht keine Verbrennungen bekommen (S. 73). Haben sich die Auberginen eingelebt, gieße ich sie regelmäßig und entferne Blattläuse mit einer dünnen Seifenlauge (s. oben).

Wenn sich die Auberginen Mitte Mai vollständig eingewöhnt haben, topfe ich sie in 10-l-Töpfe, beschrifte jede Sorte mit einem Pflanzschild und stelle sie stolz auf. Entdecke ich im Juli, dass sich die ersten Auberginenblüten entwickeln, beginne ich, wöchentlich mit flüssigem Algendünger zu düngen, und gieße pflichtbewusst.

Perfekter Partner: Tagetes

Rund um das Gewächshaus lasse ich Pflanzen für Bestäuber wachsen, damit Bienen und Insekten durch die offene Tür hineinkommen. Kommen die Bienen nicht zu den Auberginen, locke ich sie mit einigen Studentenblumen *(Tagetes)* im Topf zu den Pflanzen.

Ernten

Etwa Anfang August sind die ersten Auberginen reif. Ich ernte sie schon, wenn sie erst mittelgroß und glänzend sind. Auberginen mit matter Schale sind überreif und schmecken bitter. Meine fünf Pflanzen tragen bis Ende September. Auberginen, die ich nicht frisch verwerten kann, schneide ich in kleine Stücke und friere sie ein. Sie sind praktisch, wenn ich im Winter Currygerichte koche.

Rechts Auberginen brauchen etwa sieben Monate, bis sie erntereif sind. Die glatten, glänzenden Früchte lohnen das Warten.

Küchen-Tipp

Ich liebe Auberginen als dicke Scheiben vom Grill. Dazu reiche ich gegrillten Halloumi, Salat und meine süß-saure Sauce aus Sojasauce, Ketchup, Honig, Gewürzen und Granatapfelsirup. Göttlich & ganz ohne Steak!

GURKE

Cucumis sativus

Meine erste Gurkenpflanze hatte ein herausforderndes Leben. Sie stand im Topf in einer schattigen Ecke des Gartens hinter dem Haus und war mit einem Netz vor dem Ball meiner Kinder geschützt. Trotzdem trug sie Früchte.

Als ich den Kleingarten übernahm, begann ich außerdem kleine Einlegegurken anzubauen, denn ich wollte Salzlake herstellen und darin Gurken, und da ich schon mal dabei war, auch anderes Gemüse einlegen. Einlegegurken aus dem Laden entsprachen nie meinen Erwartungen.

Salat- und Einlegegurken werden im Sommer geerntet. Während ich frisch geerntete Salatgurken esse, überlege ich schon, welche Gewürze ich für die Einlegegurken verwenden will. Regale voller Designerschuhe und Handtaschen können Sie behalten, was mir Freude bereitet, ist der Anblick eines Schranks voller eingelegter Gurken!

Rekhas Lieblinge

Salatgurke
'Burpless Tasty Green'
'Marketmore' F1

Einlegegurke
'Anulka' F1
'Mini Muncher' F1

Aussäen und abhärten

Sowohl Salat- als auch Einlegegurken werden im April (wenn ich auch die Zucchini aussäe) im Haus vorgezogen.

Die Wärme im Gewächshaus beschleunigt die Keimung, die etwa nach einer Woche stattfindet. Ich lege zwei Samen mit dem spitzen Ende nach unten in einen 9-cm-Topf. Da die Keimlinge sehr schnell wachsen und innerhalb weniger Tage ihr erstes Paar Laubblätter bilden, finde ich sie besser als 7-cm-Töpfe. Gurken mögen es nicht, wenn ihre Wurzeln gestört werden. Sät man sie in etwas größere Töpfe, müssen die empfindlichen Wurzeln nicht so oft bewegt werden. Wenn beide Samen keimen, entferne ich den schwächeren Sämling und stecke 30 cm lange Stäbe in den Topf, falls die Pflanzen früh Ranken bilden. Drei Wochen nach der Keimung stelle ich die Töpfe ins unbeheizte Frühbeet, wo ich sie 14 Tage lang abhärte (S. 12).

Vorbereiten und pflanzen

Nach der Aussaat habe ich gut sechs Wochen Zeit, die Pflanzflächen für beide Gurkentypen vorzubereiten. Ich gehe wie bei Zucchini (S. 95) vor und kennzeichne die finale Stelle mit Bambusstäben. Außerdem baue ich einen mindestens 1,50 m hohen Rahmen, in den ich Schnüre spanne, an denen die Pflanzen hochklettern können.

Oben Den schwächeren Sämling nehme ich aus dem Topf und topfe ihn für den Pflanzenverkauf.

Links Damit die Schnüre straff bleiben, grabe ich die unteren Enden unter den jungen Gurkenpflanzen ein.

Garten-Tipp

Ich baue meine Gurken im Freiland an, nicht im Gewächshaus. Manche alte Freilandsorten sind nicht bitterfrei. Wenn die Pflanzen unter Trockenstress leiden, überdüngt wurden oder das Saatgut selbst gewonnen wurde, können bittere, gifthaltige Früchte entstehen. Diese muss man wegwerfen.

So breiten sich die langen Triebe mit ihren Ranken nicht auf dem Beet aus.

Salat- und Einlegegurken brauchen die gleichen Bedingungen. Ich pflanze sie jedoch nie nah beieinander, denn die Insekten würden sie wechselseitig bestäuben. Dadurch können die Früchte bitter werden. Ich baue sie daher in unterschiedlichen Ecken des Gartens an.

In meiner Region gibt es Mitte Mai die letzten Nachtfröste. Danach kann ich die Gurken ins Freie setzen. Am Tag davor gieße ich sie, so kann ich sie morgens zur besten Pflanzzeit gut mit Wasser versorgt pflanzen. Ich grabe mit der Handschaufel ein 15 cm tiefes Loch und klopfe leicht von unten auf den Topf, um die Pflanze zu lösen. Dann setze ich sie vorsichtig in ihr Pflanzloch nahe der Rankhilfe, die ich vorher aufgestellt habe. Anschließend fülle ich die Erde wieder auf und drücke sie gut an. Sind alle Pflanzen an ihrem Platz, werden sie kräftig gegossen. Schon bald winden sich die Ranken um die Schnüre und die Pflanzen klettern nach oben.

Regelmäßige Pflege

Bisher wurden meine Pflanzen noch nicht von Schnecken befallen, aber ich stelle trotzdem vorbeugend in der Nähe Bierfallen (S. 10) auf. Auch halte ich die Erde um die Gurkenpflanzen immer feucht, damit sie gut mit Wasser versorgt sind. Sobald sich die ersten Blüten bilden, dünge ich, wie bei den meisten Fruchtgemüsearten, mit selbst gemachtem Beinwelldünger (S. 8) im Wechsel mit Algen-Flüssigdünger.

Moderne Sorten bilden Früchte ganz ohne Bestäubung (Parthenokarpie). Bei diesen kann man eventuell erscheinende männliche Blüten entfernen, dann bilden sich keine harten Kerne in den Gurkenfrüchten. Zur Unterscheidung: Die weiblichen Blüten haben eine leichte Verdickung am Stiel, aus der nach der Befruchtung die Gurkenfrucht reift.

Ernten

Gurken brauchen nicht lange, bis man sie ernten kann: Einlegegurken können im Juni gepflückt werden, Salatgurken einen Monat später im Juli. Ich ernte Salatgurken, wenn sie 10–12 cm lang sind, Einlegegurken, wenn sie 5–6 cm erreicht haben. So passen sie beim Einlegen perfekt in meine Gläser. Je mehr ich ernte, desto mehr Blüten und Früchte entstehen – manchmal übersehe ich eine. Entdecke ich so eine ballonartig verdickte Frucht, ist das immer ein gutes Gesprächsthema. Ich entferne sie aber schnellstens, damit die Pflanze nicht zu viel Energie hineinsteckt.

Rechts Nach der Bestäubung erscheinen schnell die Früchte. Ich suche täglich nach reifen Gurken.

Unten Pflücken Sie die Gurken, solange sie klein sind, dann schmecken sie mild und entfernen Sie immer die feste Schale.

Küchen-Tipp

Meine liebe jüngere Schwester Divya gab mir einen guten Tipp für die Verwendung überreifer Gurken. Man entfernt die Schale und die Samen, reibt den Rest und drückt die Feuchtigkeit heraus. Den Rest kann man dann für Bratling- oder Pfannkuchenteig verwenden. Was für ein geniales Rezept! Danke, Schwester.

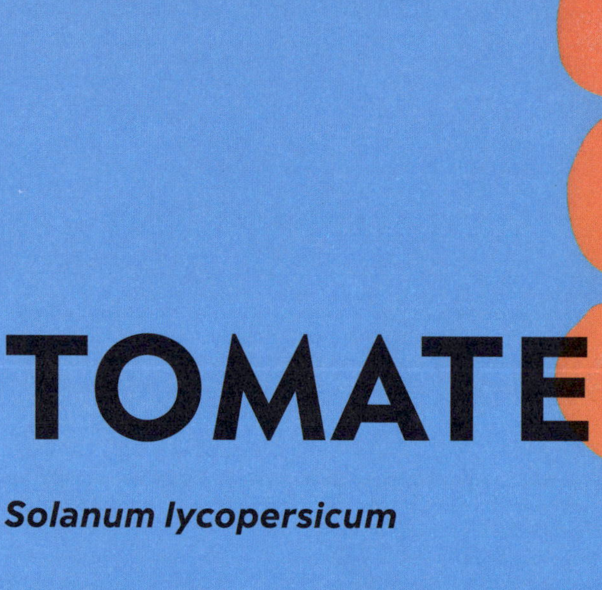

TOMATE

Solanum lycopersicum

Als ich den Kleingarten übernahm, hatte ich noch nie Tomaten angebaut. Erst als ich frisch geerntete Früchte aß, wurde mir klar, dass ich etwas verpasst hatte. Vergessen Sie die zwangsernährten, aufgepumpten Sorten aus dem Supermarkt, die eine lange Reise hinter sich haben. Sie schmecken fade. Ich gärtnere biologisch und pflanze meine Tomaten ins Freiland. Die Ernte fällt zwar kleiner aus, als sie es im Gewächshaus würde, aber ich weiß genau, wie sie angebaut wurden. Ich habe viele Sorten ausprobiert und vier unverzichtbare gefunden: eine für Salate, eine für Currygerichte, eine für Passata und eine geschmacksintensive Cherrytomate. Trotzdem kann ich nicht widerstehen zwei bis drei andere Sorten anzubauen.

Aussäen und topfen

Mitte Februar krempele ich die Ärmel hoch und ziehe meine Tomaten in Kokos-Quelltöpfen (S. 71) vor. Mit einem Holzspieß mache ich ein Loch, lege zwei Samen in jeden Topf, decke sie mit Kokosfaser ab, stecke Schilder in die

Rekhas Lieblinge

Strauchtomaten
'Honey Delight'
'Indigo Cherry'

Stabtomaten
'Black Beauty'
'Costoluto Fiorentino'
'Gardeners' Delight'
'Shirley'

Garten-Tipp

Wenn ich Tomatenpflanzen das erste Mal topfe, setze ich die Pflanzen bis zum ersten Paar Laubblätter in die Erde. Die Haare am Trieb sind in Wirklichkeit feine Würzelchen, die zusätzlich Wasser und Nährstoffe aufnehmen können. So bekommen die Pflanzen viele kräftige Wurzeln und sind fest eingewachsen.

Links Setzen Sie Tomatenpflanzen erst nach den letzten Frösten ins Freiland.

Unten Ich empfehle, die Quelltöpfe mit lauwarmem Wasser einzuweichen. So haben es die Sämlinge schön warm.

Töpfe und stelle sie in ein beheizbares Zimmergewächshaus. Wenn nach fünf Tagen die Samen keimen, nehme ich den Deckel ab und stelle eine Pflanzenlampe auf. Nach weiteren zehn Tagen wächst das erste Paar Laubblätter. Damit die Quelltöpfe in dieser Phase nicht austrocknen, stelle ich sie in einen Untersetzer mit Wasser.

Wenn sich Mitte März (Woche vier) das zweite Paar Laubblätter bildet, entferne ich den schwächeren Sämling und topfe ihn für den Pflanzenverkauf. Dann setze ich jeden Quelltopf in einen 7-cm-Topf mit torffreier Erde, die ich andrücke und angieße, ohne die Blätter zu befeuchten. Die Pflänzchen bleiben bis Ende März auf der Heizmatte und unter der Lampe. Dann setze ich sie in 1-l-Töpfe, damit die Wurzeln bis zum Pflanzen genug Platz haben.

Tomatensorten unterscheiden

Strauchtomaten sind breit wachsende Pflanzen, bei denen die Früchte am Ende von Seitentrieben hängen. Cherrytomaten gehören in diese Gruppe und einige Sorten eignen

sich für Hängekörbe. Stabtomaten sind die zweite wichtige Gruppe. Sie haben einen Haupttrieb, der aufrecht wächst. Einige Stabtomaten sollten im Gewächshaus oder in einem Folientunnel angebaut werden, andere wachsen jedoch besser im Freiland.

Perfekte Partner: Basilikum und Tagetes

Diese beiden sondern starke Duftstoffe ab, die Schädlinge wie Blattläuse fernhalten und helfen bei der Bestäubung. Basilikum (S. 98–99) wächst im Freien zwar nicht so gut, aber ich pflanze ihn trotzdem zwischen die Tomatenreihen. Wenn er blüht, sind die Bienen glücklich.

Pflanzen

Würde ich Tomaten im Gewächshaus anbauen, würde ich sie Anfang Mai in 10-l-Töpfe pflanzen und je einen Basilikum dazusetzen. Da ich Freilandsorten anbaue, muss ich auf der Fläche erst ein paar Vorbereitungen treffen. Vorher standen dort Kreuzblütler, die Mitte März abgeräumt wurden. Nach dem Umgraben verteile ich eigenen Kompost und lasse ihn sich setzen. Mit dem Pflanzen warte ich bis nach den letzten Frösten (in meiner Region Mitte Mai). Daher fange ich Anfang Mai an, die Pflanzen abzuhärten (S. 12). Eine Woche vor dem Pflanzen gehe ich wieder zur

Oben Tagetes werden auch Studentenblumen genannt und eignen sich gut zur Schädlingsbekämpfung im Biogarten.

Unten rechts Frische Beinwellblätter enthalten viel Stickstoff, Kalium und Phosphor, also alle wichtigen Nährstoffe für gesundes Wachstum.

Unten, ganz rechts Durch die verrottenden Beinwellblätter beginnen die Tomatenpflanzen schnell kräftig zu wachsen.

Oben Seitentriebe stehen in einem 45°-Winkel am Haupttrieb von Stabtomaten. Entfernen Sie sie regelmäßig.

Pflanzfläche, wo ich Erdklumpen aufbreche und das Beet mit dem Rechen gerade ziehe.

Am Pflanztag ernte ich als Erstes ein paar Blätter Beinwell, die den Tomatenpflanzen während des Wachstums als Nahrung dienen werden. Auf der Tomatenfläche grabe ich für jede Pflanze ein Loch mit mindestens 30 cm Tiefe. Ich fülle es zur Hälfte mit Beinwellblättern, auf die ich eine dünne Schicht Erde gebe. Das sorgt dafür, dass die nährstoffreichen Blätter verrotten und die Tomatenwurzeln ernähren. Danach stelle ich die Tomatenpflanze hinein, drücke die Erde mit den Händen an und stecke eine Stange neben die Pflanze. Zwischen den Pflanzen lasse ich jeweils 50 cm Platz und setze an beiden Seiten der Reihen Basilikum und Tagetes dazu. Nach einer kräftigen Wassergabe stelle ich eine Bierfalle (S. 10) auf, die Schnecken von meinen kostbaren Pflanzen weglocken soll.

Regelmäßige Pflege

Im Haus wie im Freiland müssen Stabtomaten angebunden werden. Ich lege kurz über einem Blattansatz eine Schnur in Form einer Acht um Trieb und Stange und binde den Trieb an die Stange. Der Knoten sitzt an der Stange. Bei Buschtomaten ist das nicht notwendig. Als Ordnungsfanatikerin dünge ich alle meine Tomatenpflanzen, sobald sie Blüten ansetzen, wöchentlich am selben Wochentag.

Küchen-Tipp

Wenn alles wie geplant läuft und ich reichlich Tomaten ernte, mache ich eine große Menge dicke, passata-ähnliche Gewürzsauce (mein Sohn nennt es Ketchup). Cherrytomaten kann man gut einfrieren. Geben Sie sie ganz in Gefrierbeutel und tauen Sie sie nach Bedarf auf, um sie geschält zu verwenden.

Ich verwöhne sie ein wenig, indem ich abwechselnd Algen-Flüssigdünger und Beinwelldünger gebe. Ich gieße immer mit der Kanne (in die ich auch den Dünger gebe). So kann ich besser abschätzen, wie viel Wasser jede Pflanze bekommen hat, als wenn ich den Schlauch verwende. Tomaten müssen regelmäßig gegossen werden, denn bei ungleichmäßiger Feuchtigkeit kann Blütenendfäule die Ernte verderben. Ich gieße wöchentlich. Eine 10-l-Kanne reicht für drei Pflanzen.

Außerdem entferne ich regelmäßig die Seitentriebe (S. 67), damit die ganze Kraft der Pflanze in die Produktion von Früchten am Haupttrieb geht.

Aus den Blüten entstehen schnell Früchte. Anfang August färben sich die unteren Früchte von Dunkel- zu Hellgrün. Bei Stabtomaten entferne ich die Spitze des Haupttriebes, wenn er 6–7 Blütenstände hat. So reifen die Früchte besser aus, bevor es wieder kühler wird. Haben die Pflanzen Früchte angesetzt, kontrolliere ich sie auf Krautfäule: verbrannte Flecken auf Blättern, die am Tag vorher noch gut aussahen, und braune Flecken auf den Früchten. Hat die Krankheit sich breitgemacht, entferne ich befallene Pflanzen und verbrenne sie oder entsorge sie in der Biotonne. Entsorgen Sie sie nie auf dem eigenen Kompost, denn die Erreger können darin überdauern.

Ernten

Nachdem ich im Februar mit dem Vorziehen begonnen habe, kann ich Mitte August ernten. Beim Anblick der reifen Tomaten, die wie schwere Kirchenglocken an den kräftigen Pflanzen hängen, möchte ich feiern, was ich erreicht habe – natürlich mit Hilfe von Mutter Natur!

Anfang September halte ich weiter Ausschau nach der Krautfäule, gieße und dünge aber weniger. Wenn alle Pflanzen bis zum Ende des Monats gesund geblieben sind, überlege ich, was ich mit der reichen Ernte mache.

Oben links Die bunte Ernte von 'Indigo Cherry', gelber 'Honey Delight' und winzigen 'Texas Wild'.

Mitte Ich kontrolliere die Pflanzen täglich und schneide alle roten 'Burmese Sour'-Tomaten ab.

Rechts Je reifer die Tomaten werden, desto intensiver wird ihre Farbe.

Ganz rechts Effektvoll und exotisch: 'Black Beauty' ist ein Hingucker.

Unten In heißen Sommern sollten große wie kleine Tomatensorten im Freiland reichlich tragen.

CHILI

Capsicum annuum

Pikantes Essen war in meiner Kindheit normal und als ich den Kleingarten übernahm, war ich fest entschlossen, eine bestimmte, von mir geliebte scharfe Sauce aus eigenen Chilischoten herzustellen. Aber wie wird Chili angebaut? Welche Sorten und Topfgrößen sollte ich wählen? Und wie viele Pflanzen von jeder Sorte ziehen? Dank Rajni hatte ich ein Gewächshaus, in dem die perfekten Bedingungen für Chilis herrschen. Aber ich wusste nicht, wie ich es am besten nutzen sollte. Panik machte sich breit.

Das erste Jahr war lehrreich. Ich wusste nichts über Belüftung und Schädlinge im Gewächshaus und machte mehr Fehler, als ich an zwei Händen abzählen konnte! Mit der Zeit lernte ich, zum Beispiel durch eine Schattierung als Schutz vor der heißen Sommersonne (S. 73), die Bedingungen im Gewächshaus zu steuern. Noch wichtiger war aber, dass ich lernte, die Pflanzen zu pflegen. Schon bald wurde ich mit einer üppigen Ernte belohnt. Aber keine Sorge, falls Sie kein Gewächshaus haben. Sie können auch auf einer sonnigen Fensterbank erfolgreich Chili anbauen.

Rekhas Lieblinge

'Chiltepin'
'Kashmiri'
'Scotch Bonnet'
'Tabasco'

Aussäen und pflanzen

Am liebsten würde ich Chili (wie Auberginen und Paprika) direkt nach den Weihnachtstagen aussäen. Aber ich halte mich zurück. Die Weihnachtsdeko hängt noch und ich mag vollgestellte Räume nicht. Sobald aber am 6. Januar der Baum abgeräumt wird, rolle ich die Heizmatte aus, reinige die Zimmergewächshäuser und lasse sie trocknen. Ich höre Musik aus dem Radio, öffne meine Kiste mit Samentüten und wähle Chilisorten aus, die ich säen möchte. Es macht Spaß, neue Sorten auszuprobieren, und manchmal schafft eine es auf meine Aussaatliste für das nächste Jahr.

Ich weiche Kokos-Quelltöpfe in lauwarmem Wasser ein und drücke überschüssiges Wasser aus. Mit einem Schaschlikspieß drücke ich in die Mitte des Topfes ein Loch, lege einen Chili-Samen hinein und mache es ihm gemütlich, indem ich Kokosfasern darüberziehe und andrücke. So hat der Samen einen guten Kontakt zum Substrat. Damit ich die Sorten nicht durcheinanderbringe, beschrifte ich jeden Quelltopf sofort mit dem Sortennamen. Dann stelle ich alle Töpfe in ein Zimmergewächshaus, das ich direkt anschließend auf eine Heizmatte stelle.

Oben Die längliche 'Byadagi' kann grün oder rot und reif geerntet werden.

Unten links Quelltöpfe saugen viel Wasser auf, dürfen aber nicht so nass sein, dass sie tropfen. Sonst faulen die Samen.

Garten-Tipp

Quelltöpfe trocknen schnell aus, gerade wenn sie rund um die Uhr auf der Heizmatte stehen. Ich stelle sie einmal die Woche in eine kleine Schüssel mit Wasser. Sobald die Oberfläche nass ist, nehme ich sie heraus. Sie können die Töpfe vor und nach der Keimung so feucht halten. Drücken Sie sie nie zusammen, das könnte die zerbrechlichen Wurzeln und Triebe beschädigen.

Sobald ich in den Töpfen kleine grüne Spitzen entdecke, nehme ich den Deckel des Gewächshauses ab und schalte die Pflanzenlampen, die darüber hängen, ein. Die Keimdauer hängt von der Sorte ab: Je schärfer die Chili ist, desto länger kann es dauern – bei manchen Samen bis zu 30 Tage. Geduld ist gefragt …

Die Bedingungen im Freien sind alles andere als ideal für die wärmeliebenden Pflanzen, daher genießen sie die nächsten vier Monate den Luxus von Heizmatte und Pflanzenlampe. Sobald sich das zweite Paar Laubblätter bildet, setze ich jeden Quelltopf in einen 7-cm-Topf, den ich anschließend mit Anzuchterde auffülle. Um Hohlräume in der Erde zu entfernen, klopfe ich den Topf auf den Tisch und drücke die Erde vorsichtig an. Dann stelle ich die Töpfe in eine Schale und gieße sie von unten. Sie kommen dann wieder auf die Heizmatte und unter die Lampen. Ende März topfe ich die Chili ein zweites Mal. Diesmal in etwas größere 9-cm-Töpfe mit torffreier Universalerde.

Pflegen

Etwa Ende April sind meine Chilipflanzen bereit für die höhere Schule (auch als »Gewächshaus« bekannt). Erst muss ich jedoch eine Schattierung aufbauen, damit die zarten Blätter, die bisher nur Kunstlicht kannten, nicht durch die intensiven UV-Strahlen verbrennen. Statt einer chemischen Schattierfarbe verwende ich ein geflicktes grünes Staubnetz, wie man es an Baugerüsten verwendet. Es ist so dicht, dass es das Licht streut. Ich ziehe es einfach über das Dach des Gewächshauses und lasse es an den Seiten mindestens bis zur halben Höhe hängen. Es wird mit kleinen Klammern befestigt.

Im Mai verbringe ich viel Zeit im Garten und öffne die Türen des Gewächshauses immer weit. Auch wenn es draußen nicht heiß ist, wird durch die kühle Brise die Luft bewegt und hilft den Pflanzen, sich gegen Schädlinge zu wehren. Ich prüfe dann auch die Feuchtigkeit in den Töpfen und gieße regelmäßig, damit die Erde nie austrocknet.

Oben links Wenn die Chilipflanzen ins Gewächshaus kommen, sind sie bereits zweimal umgetopft.

Oben Im Gewächshaus ist es für das letzte Umtopfen zu heiß. Ich nehme die Schubkarre voll Erde mit nach draußen und topfe dort.

Links Ab Ende Juli kann ich fast täglich reife Chili ernten.

Oben Nach der langen Anbauzeit macht es mich jedesmal sehr glücklich, wenn ich Chili-Ristras zum Trocknen aufhängen kann.

Küchen-Tipp

Ich liebe es, eigenes Chilipulver herzustellen. Manchmal werden es nur 100 g. Auch friere ich ganze Schoten ein, um sie im Winter zu verwenden. Am schönsten finde ich aber die im Ganzen getrockneten Schoten: Ich gebe sie in Eintöpfe oder aromatisiere Öl für meine Currygerichte damit.

Anfang Mai stehen die 10-l-Töpfe bereit und die Chilipflanzen können ein letztes Mal umgetopft werden. Ich fülle die Töpfe nicht vollständig, sondern lasse einen Rand von etwa 5 cm. So kann ich gießen, ohne dass Erde herausgeschwemmt wird und verlorengeht. Wenn ich die Töpfe auf die Regale im Gewächshaus stelle und alle meine Chilipflanzen an ihrem endgültigen Platz stehen, kann ich nicht anders als zu lächeln. Im Juli fangen die Pflanzen an zu blühen und ich beginne, sie immer am selben Wochentag zu düngen. So vergesse ich es nicht. Ich dünge jede Woche abwechselnd mit selbst gemachtem Beinwelltee (S. 8) und Algen-Flüssigdünger.

Ernten

Meine Aussaaten haben durch die Heizmatte einen Vorsprung und Ende Juli tragen die Pflanzen schon grüne Schoten. Nach einem weiteren Monat fangen sie an, rot und erntereif zu werden.

Um viele Chilis ernten zu können, sollte man häufig ernten, denn dadurch bilden die Pflanzen weitere Blüten und Schoten. Manchmal kann ich von Ende Juli bis Ende Oktober reichlich ernten. Ich verwende Chili frisch oder fädele die Schoten in einer »Ristra« auf eine Schnur auf, und lasse sie dann in der Küche oder im Schuppen trocknen. Dass die Chili durchgetrocknet sind, erkenne ich daran, dass sie wie eine Babyrassel klingen, wenn ich sie leicht schüttele. Vor dem Einlagern lege ich einige Schoten beiseite, um daraus Saatgut für das nächste Jahr zu gewinnen. Ich wende mich als Erstes meinen Lieblingssorten 'Kashmiri' und 'Scotch Bonnet' zu und entnehme je zwei bis drei Samen aus den getrockneten Schoten. Es sind dann noch reichlich Samen übrig, denn jede Schote enthält mindestens zehn Stück.

Rechts Chilis haben schöne Farben und Formen und sind unterschiedlich scharf.

Unten Bewahren Sie die Sorten immer getrennt auf. Für ein nicht zu scharfes Chilipulver sollten nicht zu viele Samen mitverarbeitet werden.

PAPRIKA

Capsicum annuum

Um knackig, saftig und süß zu werden, brauchen Paprika eine lange Anbauzeit, die man ihnen sicherlich nicht ganz so lässt, wenn sie für das Supermarktregal produziert werden. Obwohl sie erst im Juli reifen, säe ich sie Anfang des Jahres aus. Ihr köstlicher Geschmack, die Farbe und Struktur lohnen das Warten. Früher baute ich die bekannten roten und grünen Blockpaprika an, hörte aber schnell damit auf, als ich zum ersten Mal Spitzpaprika wie 'Corno di Toro Giallo' erntete. Sie bilden mehr Schoten pro Pflanze und meine Ernte fiel so gut aus, dass ich genug zum Einfrieren hatte. 'Mavras' ist eine Sorte mit dunkelvioletten dickfleischigen Früchten.

Rekhas Lieblinge

Blockpaprika
'Mavras'
'Sweet Chocolate'

Spitzpaprika
'Corno di Toro Giallo'
'Nardello'

Aussäen und pflanzen

Die Samen von Paprika keimen schnell, innerhalb von zwei Wochen. Man muss also nicht früh mit der Aussaat beginnen, aber ich kann es nicht abwarten. Also wird der Esstisch im Januar und Februar mein Arbeitsplatz. An einem Ende stehen Quelltöpfe zum Einweichen in einer

Schüssel mit lauwarmem Wasser bereit. Am anderen Ende warten die Schalen der Zimmergewächshäuser und in der Mitte liegen Samentütchen, Pflanzschilder und Stifte. Wie bei Chili (S. 71) mache ich ein Loch in die Quelltöpfe, lege den Samen hinein und beschrifte die Töpfe. Die Schalen stelle ich auf die Heizmatte, wo die Paprika in die Erde gekuschelt neben den Schalen mit Auberginen- und Chiliaussaaten stehen. Ich freue mich so, dass das Gartenjahr begonnen hat, dass ich nicht widerstehen kann, später am Tag in die Zimmergewächshäuser zu gucken, ob irgendwelche Samen schon gekeimt sind!

Sobald die Keimlinge stolz aufrecht stehen und sich die ersten Laubblätter entfalten, nehme ich den Gewächshausdeckel ab und stelle die Schale wieder auf die Heizmatte unter eine Pflanzenlampe. Das Licht regt die Fotosynthese an und die Triebe werden kräftig. Nach einer Woche hat sich das erste Paar Laubblätter gebildet und die Sämlinge werden in 7-cm-Töpfe mit torffreier Erde gepflanzt. Damit sie stabil stehen, setze ich sie bis zum Ansatz der ersten Blätter in die Erde und drücke die Erde an, um Hohlräume zu vermeiden. Dann gieße ich die Pflänzchen und stelle sie wieder unter die Lampe.

Links Eine Schale mit warmem Wasser ist ideal, um die Quelltöpfe für die Aussaat vorzubereiten.

Unten Die Sämlinge verschiedener Sorten sehen sich sehr ähnlich. Beschriften Sie sie direkt nach der Aussaat.

Regelmäßige Pflege

Vom Tag der Keimung im Januar bis Ende April bleiben die Paprika im Haus, aber ich versuche, die Bedingungen im Freiland zu imitieren, indem ich mit meiner Hand mehrmals täglich über den Pflänzchen fächele. Durch diesen sanften

Garten-Tipp

Drücken Sie Ihren kleinen Finger am Topfrand in die Erde, bevor Sie im März gießen, und gießen Sie nur, wenn sich die Erde in der unteren Hälfte trocken anfühlt. In zu nasser Erde fehlt den Wurzeln Sauerstoff und die Pflanzen werden geschwächt. Um das zu erkennen, können Sie die Pflanzen vorsichtig aus dem Topf ziehen. Gießen Sie weniger, wenn die Wurzeln braun aussehen.

»Wind« werden Weiße Fliegen oder Blattläuse gestört. Und es ist eine gute Möglichkeit, meinen Pflanzen nahe zu sein.

Sobald das dritte Paar Laubblätter erscheint, bekommen meine Paprikapflänzchen einen verdünnten Algen-Flüssigdünger (3–4 Tropfen auf 1 l Wasser). Kleine Pflänzchen vertragen herkömmliche Dünger nicht, aber auf diese Weise bekommen sie einen kleinen Schub, den sie zum Wachsen und Kräftigwerden brauchen. Im März setze ich die Jungpflanzen in etwas größere 9-cm-Töpfe. Dort bleiben sie, bis sie Mitte April ins Gewächshaus kommen. Gärtnern Sie ohne Gewächshaus, ist auch ein geschützter, sonniger Platz im Garten geeignet oder Sie behalten die Pflanzen im Haus und stellen sie an warmen Tagen ins Freie und nachts wieder nach drinnen.

Pflanzen

Die jungen Paprikapflanzen gewöhnen sich schnell an die heiße, feuchte Umgebung im Gewächshaus und reagieren mit kräftigem Wachstum. Mitte Mai können sie in 10-l-Terrakottatöpfe gesetzt werden, die ich bis 5 cm unter den Rand fülle. So kann ich sie besser gießen. Ich topfe die Paprika (und Auberginen) im Freien, denn im Gewächshaus ist es zu viel zu warm zum Arbeiten.

Bilden die Pflanzen 3–4 Wochen später, also etwa Mitte Juni, die ersten Blüten, beginne ich mit meinem Düngeplan. In dieser Phase brauchen die Pflanzen viel Kraft, denn sie bilden die Schoten aus den befruchteten Blüten. Die wöchentlichen Düngergaben (eine Woche Beinwelltee, eine Woche Algen-Flüssigdünger) sorgen für eine ausgewogene Nährstoffversorgung und dafür, dass reichlich Schoten gebildet werden.

Ernten

Ich bin immer versucht, die Paprika grün und glänzend zu ernten, reiße mich dann aber doch zusammen und warte, bis sie (je nach Sorte) rot, violett, gelb oder orange werden. Ich schaue regelmäßig nach reifen Paprika und ernte regelmäßig. Dafür schneide ich den Stiel nah an der Pflanze ab. Durch das Pflücken werden weitere Blüten gebildet, aus denen wiederum Schoten reifen. Der Vorteil des Vorziehens im Januar ist die lange Erntezeit. Ich kann von Juli bis Ende Oktober ernten.

Gegenüber, ganz links Gießen Sie Paprika von unten, so entsteht mehr Luftfeuchtigkeit.

Mitte Durch die geöffnete Gewächshaustür können die Bestäuber ins Haus und die Blüten reifen zu Schoten.

Links Ernten Sie Paprika, sobald sie rot sind. So werden die restlichen Schoten an der Pflanze schneller reif.

Unten Paprika und Chili (S. 70–71) gehören zur gleichen Familie. Sie stehen gleichzeitig im Gewächshaus und reifen zur gleichen Zeit.

GARTEN-BOHNE

Phaseolus vulgaris

Im Sommer verleihen Bambusstäbe und Haselnussruten für die Bohnen meinem Garten Struktur. Ich baue rund- und flachhülsige (meine Lieblinge) an. Die Triebe klettern die 2 m hohen Stützen schnell empor und ziehen sich über benachbarte Elemente. Es wird schnell klar: Die Bohne ist in ihrem natürlichen Lebensraum eine Wald-Kletterpflanze.

Es war jedoch nicht die Lust auf frische Hülsen, die mich lockte. Ich hatte im Supermarkt wunderschöne, bunt gefärbte Trockenbohnen gesehen und wollte herausfinden, wie sie wachsen. Die meisten gehörten zur Gruppe der Stangenbohnen, deren lange Hülsen man so lange an den Pflanzen lässt, bis die Samen voll entwickelt sind. Ich konnte es nicht erwarten, sie anzubauen, und wollte einige Hülsen frisch ernten und die anderen ausreifen lassen. Die Trockenbohnen lockten mich!

Rekhas Lieblinge

'Neckarkönigin'
'Helda' (breithülsig)
'Trionfo violetto'

Aussäen und abhärten

Gartenbohnen kann man ab Mitte Mai ins Freiland säen, aber sie brauchen sehr lange, wenn man bis dahin wartet.

Stattdessen verschaffe ich mir Vorsprung, indem ich sie Mitte April im Gewächshaus in »Rootrainern« vorziehe. Diese besonders tiefen Töpfe sorgen dafür, dass die Pflanzen lange und kräftige Wurzeln bilden.

Bohnensamen sind dick und ich lege sie zweimal so tief in die Erde, wie sie groß sind. Dann gieße ich, bis das überschüssige Wasser aus dem Topf läuft, und stelle die Töpfe ins Regal im Gewächshaus. Durch die Wärme keimen die Samen schnell und nach einer Woche hat jeder Sämling ein Paar Laubblätter gebildet.

Nach weiteren zwei Wochen stelle ich die schnell wachsenden Pflanzen zum Abhärten (S. 12) ins unbeheizte Frühbeet. Man erkennt schon bei den kleinen Pflanzen ihre Neigung zum Ranken, denn die Triebe umwickeln sich gegenseitig. Je früher ich sie pflanzen kann, desto besser!

Oben Sobald die Kerne im Inneren vollständig getrocknet sind, springen die Hülsen auf.

Unten Mein erstes Rootrainer-Set habe ich vor sechs Jahren gekauft. Es ist eine der besten Investitionen in Gartenwerkzeug, die ich gemacht habe.

Pflanzen

Am selben Tag, an dem ich die Bohnen im Gewächshaus aussäe, bereite ich die für sie vorgesehene Fläche im Freiland vor. Dafür grabe ich ein quadratisches Loch mit 50 cm Seitenlänge und 30 cm Tiefe. Ich gebe eine 15–20 cm hohe Schicht verrotteten Mist oder Kompost hinein. Anschließend fülle ich das Loch wieder auf. Nachdem ich die Erde glattgeharkt habe, stecke ich sechs Haselnussstangen oder acht Bambusstäbe, mit je etwa 2,50 m Länge, kreisförmig in den Boden. Zwischen den Stangen lasse ich 20 cm Abstand. Ich drücke sie mindestens 50 cm tief in den Boden und binde sie oben zusammen. Das senkrechte Element verleiht der Fläche Struktur.

Oben Achten Sie darauf, dass hohe Rankhilfen sicher im Boden stehen, bevor Sie sie oben zusammenbinden. Bohnenpflanzen mit Hülsen können schwer sein.

Mitte Kräftige Pflanzen mit einem gut entwickelten Wurzelsystem haben einen Vorsprung.

Rechts Ich stelle mich zum Pflanzen auf ein Brett, um den Boden nicht zu verdichten, und pflanze die Bohnen hinter die Haselnussruten.

Mitte Mai können die Bohnen gepflanzt werden. Mit der Handschaufel grabe ich innerhalb des Kreises an jeder Stange ein Loch. So sind die Pflanzen geschützt, wenn ich Unkraut hacke. Dann öffne ich die Rootrainer, setze die Pflanzen vorsichtig in die Löcher, drücke die Erde an und gieße die Pflanzen an. Sobald alle Bohnen gepflanzt sind, öffne ich eine Flasche mit warmem Bier und schütte es in eine in der Nähe stehende Bierfalle (S. 10). Prost!

Regelmäßige Pflege

Bohnen sind sehr durstig und ich lasse die Erde nie austrocknen. Sie wissen eine kräftige Wassergabe von mindestens 10 l alle drei Tage pro Rankelement zu schätzen. In sehr heißen Sommern gieße ich jeden Abend weitere 5–8 l.

Etwa Ende Juni bilden sich unten beginnend je nach Sorte violette oder weiße Blüten. Ich freue mich genauso darüber wie die Bienen und flitze zum Schuppen, um dort den Algendünger anzumischen. Düngen Sie nur bei feuchter Erde und nur einmal wöchentlich. Ihre Pflanzen werden es mit zahlreichen, kräftigen Hülsen danken.

Ernten und lagern

Ich schneide die ersten Hülsen Ende Juni. Ich fange unten an, wo sich die ersten Blüten gebildet hatten. Rundhülsige Sorten erntet man, wenn die Hülsen 10–12 cm lang sind. Flachhülsige Sorten werden geerntet, wenn sie 15–20 cm lang und noch zart sind. Man sollte noch keine Kerne spüren.

Beide Gruppen sind sehr ertragreich. Ernten Sie die Pflanzen regelmäßig ab, sonst werden die Hülsen zu groß und ihre Schalen werden hart.

Ich könnte bis August weiterernten, höre aber auf, wenn ich die Pflanzen bis zur Hälfte der Rankhilfe abgeerntet habe. Hülsen, die wir nicht frisch verarbeiten können, lege ich ein. Die Hülsen in der oberen Hälfte lasse ich an den Pflanzen, damit die Bohnenkerne im Inneren reifen. Ich ernte diese erst, wenn die Hülsen an den Pflanzen getrocknet sind. Meist ist das Anfang September der Fall, bevor es morgens Tau gibt. Ich lege die Hülsen zum Trocknen in das Gewächshaus, in dem ich topfe. Wenn sie aufspringen, ist es Zeit, die Samen zu sammeln.

Bevor ich die Trockenbohnen einlagere, kontrolliere ich, ob sie kleine, durchsichtige Flecken haben. Diese sind ein sicheres Zeichen dafür, dass der Erbsenkäfer darin sitzt. Entdecke ich Flecken (man kann es aber auch einfach zur Sicherheit machen), lege ich alle Kerne 5–7 Tage lang auf einem Backblech in den Gefrierschrank. So werden die Eier des Käfers abgetötet. Die Bohnen lagere ich in sterilisierten Gläsern mit Bügelverschluss in einem kühlen, dunklen Schrank. Eine weitere Jahresernte ist erfolgreich eingebracht und kann im Winter zu wärmenden, langsam gekochten Gerichten verarbeitet werden.

Küchen-Tipp

Junge Hülsen, die man im Frühsommer erntet, schmecken gedünstet in Sommersalaten wie Tabbouleh am besten. Zu einem Sonntagsbraten dünste ich die Hülsen kurz und gebe sie dann mit scharfem Senföl und einer reichlichen Prise scharfem Paprikapulver und Knoblauchsalz in eine Grillpfanne. Auf schwarzen Pfeffer können Sie getrost verzichten.

Unten links Einen Teil der Hülsen lasse ich zum Ausreifen an den Pflanzen.

Mitte Meine Lieblingssorten bringen eine zuverlässige Ernte.

Unten Ein schöner, trockener Tag ist ideal für die Ernte.

ZWIEBEL

Allium cepa

»Aus Steckzwiebeln kann man Zwiebeln ganz leicht anbauen«, erklärte mir ein erfahrener Gärtner, als ich meinen Kleingarten übernahm. Ein Gartennachbar hatte mit Steckzwiebeln (professionell gezogene, virenfreie Babyzwiebeln) eine wunderbare Ernte erzielt. Aber bei mir klappte es nicht. Nach drei erfolglosen Jahren änderte ich die Taktik. Inzwischen kann ich erfolgreich rote und weiße Zwiebeln sowie Schalotten aus Samen ziehen. Ja, ich habe Fehler gemacht, aber im Laufe der Zeit habe ich den Ablauf perfektioniert. So gehe ich vor:

Rekhas Lieblinge

Erste Aussaat
'Ailsa Craig'
'Bedfordshire Champion'

Zweite Aussaat
'Senshyu'
'Tamara'

Erste Aussaat

Ich säe zweimal im Jahr Zwiebeln: Den frühen Satz im Februar für die Ernte im September, den späteren (S. 86) im Spätsommer. Diese Zwiebeln bleiben den Winter über im Beet und werden im Sommer darauf geerntet.

Den ersten »Frühlings«-Satz säe ich im Haus in Schalen oder Töpfen mit Anzuchterde und decke die Samen mit 1cm gesiebter Erde ab. Zwiebelsamen sind klein und werden leicht weggespült, daher gieße ich von unten (S. 98). Dann stelle ich die Gefäße warm und hell auf.

Die Keimung dauert 6–10 Tage (oder kürzer, wenn ich meine bewährte Heizmatte verwende). Jetzt kommt der entscheidende Schritt: Beim ersten Anzeichen der Keimung stelle ich die Schalen sofort ins unbeheizte Gewächshaus. Dort ist es tagsüber warm, nachts kalt. Durch diesen Wechsel bilden die Sämlinge kräftige Triebe.

Mitte März setze ich die Sämlinge in 7-cm-Töpfe um. Diese stelle ich für eine zweiwöchige Abhärtephase (S. 12) ins Frühbeet. In dieser Zeit bereite ich das Zwiebelbeet vor. Ich entferne Unkraut, grabe vorsichtig um, damit der Boden belüftet wird, und sorge für eine gute Bodengare.

Pflanzen

Am Pflanztag Anfang April arbeite ich pro Quadratmeter etwa 70 g Horn- und Knochenmehl in die Pflanzfläche ein. Ich mag am liebsten kleine bis mittelgroße Zwiebeln und setze sie mit 10–15 cm Abstand eher dicht. Zwischen den Reihen lasse ich 40 cm Abstand. Ich gieße die Jungpflanzen an und halte sie während der Phase des Einwachsens feucht. Danach gieße ich nur noch einmal wöchentlich – und auch nur, wenn der Boden sich trocken anfühlt.

Oben Zwiebelsamen keimen auf einer hellen Fensterbank im Haus.

Unten Pflanzt man die Zwiebeln eng beeinander, werden sie nicht zu groß.

Garten-Tipp

Ich arbeite den Dünger vor dem Pflanzen in den Boden ein. Nachdem die Reserven aus den Samen verbraucht sind, versorgt er die Pflanzen mit langsam verfügbaren Nährstoffen.

Meiner Erfahrung nach sorgt dieser »kontrollierte Stress« für einen intensiven Geschmack. Als ich die Zwiebeln regelmäßiger gegossen habe, schmeckten sie milder.

Pflegen und ernten

Zwiebeln mögen keine Konkurrenz. Im Frühsommer ist das Sauberhalten der Beete zwischen und um die Pflanzen herum unerlässlich, wenn die Zwiebeln kräftig wachsen sollen. Mitte Juni bekommen die Pflanzen ein zweites und letztes Mal Horn- und Knochenmehl und viel Wasser. Kurz darauf werden die weißen Hälse der Zwiebeln unten dicker - ein beeindruckender Anblick, der mich jedes Mal zum Lächeln bringt. Ich weiß, dass später Tränen fließen werden, wenn ich mit den Zwiebeln koche. Aber das sind Freudentränen!

Ende Juli stelle ich das Gießen ganz ein. Im August kippt das grüne Laub um und ich weiß, dass die Zwiebeln geerntet werden können (Ich habe doch gesagt, dass meine Pflanzen mit mir sprechen!). Wenn der Boden trocken ist, müssen die Pflanzen nur vorsichtig mit einer Grabegabel gelöst werden. Danach streife ich Erde ab und hänge die Zwiebeln mit Blättern und Wurzeln über Kopf auf ein hohes Regal aus Gitterböden. Dort sind sie gut belüftet und die Flüssigkeit sammelt sich nicht in den Hälsen, was zu Fäulnis führen würde. Im September flechte ich Zwiebelzöpfe, die ich im Schuppen aufhänge. So habe ich von Spätherbst bis Vorfrühling Zwiebeln.

Zweite Aussaat

Sobald der erste Satz geerntet ist, säe ich die Wintersorten aus. Der Ablauf ist der gleiche, aber ich stelle die Anzuchtschalen auf meinen Topftisch, wo die Sommerluft für bessere Keimung sorgt. Angesichts der Wärme behalte ich die Schalen immer im Auge und sorge dafür, dass sie nie austrocknen. Wenn es Ende September tagsüber kühler wird, topfe ich die Sämlinge und stelle sie ins Gewächshaus. Ich überwintere sie in ihren 7-cm-Töpfen. Dabei gieße ich so wenig wie möglich, denn bis März wachsen sie sowieso kaum.

Diese Zwiebeln können im Frühjahr gepflanzt werden. Auch hier ist der Ablauf derselbe, aber die überwinterten Zwiebeln wachsen schneller als die im Frühjahr gesäten. Anfang Juli knicken die Blätter ein, ein bis zwei Wochen danach ernte ich.

Perfekter Partner: Salat

Der schnell wachsende Salat (S. 20–23) kann zwischen Zwiebelreihen gesät werden. Er wird nach nur wenigen Wochen geerntet und macht den Zwiebeln Platz. Gleichzeitig hält der scharfe Geruch der Zwiebeln Blattläuse von den Salaten fern.

Rechts und unten 'Ailsa Craig' ist eine weiße Zwiebelsorte für die Frühjahrs- und die Herbstaussaat.

Ganz unten Wenn die Zwiebeln in den Regalen vollständig trocken sind, flechte ich sie zu Zöpfen.

ZUCKERMAIS

Zea mays

In meiner Kindheit in Sambia war Mais mein Lieblingsgemüse. Ich liebte es so sehr, dass ich in der Erntezeit von Ende November bis Ende Januar sogar anbot, zum Gemüsemarkt zu gehen und ihn zu holen. Ich hatte meiner Mutter dabei zugesehen, wie sie die besten Kolben aussuchte, und wusste, auf was ich achten musste und wie ich den besten Preis aushandeln konnte. Auch lernte ich, die fantastische Maissuppe meiner Mutter zu kochen, ein scharfer, dicker Brei. Dazu gab es knusprige Sev, leckere Nudeln aus Kichererbsenmehl.

Wenn ich Mais aus meinem Garten esse, kommen all' diese schönen Kindheitserinnerungen wieder hoch. Wie sagt man so schön: Mama ist die Beste!

Rekhas Lieblinge

'Double Red'
'Golden Bantam'
'True Gold'

Aussäen

Die gefurchten, zahnförmigen Maissamen säe ich im April. Es sind Körner, die am Kolben vollständig getrocknet sind. Am besten weicht man sie vor dem Säen über Nacht ein. Das hat zwei Vorteile: Erstens kann man erkennen, welche Samen nicht keimen werden. Sie quellen einfach nicht

Oben Die männlichen Blüten sitzen ganz oben an den hohen Maispflanzen.

Unten Zuckermais keimt schnell in der Wärme des Gewächshauses oder auf einer sonnigen Fensterbank.

auf und können entsorgt werden. Zweitens lassen Mäuse sie nach der Aussaat in Ruhe. Diese Schädlinge lieben die trockenen Körner und randalieren im Gewächshaus, um sie zu finden. Seltsamerweise rümpfen sie bei eingeweichten Körnern die Nase.

Ich verwende »Rootrainer« mit leicht angedrückter, torffreier Erde und lege je einen eingeweichten Samen etwa 2–3 cm tief hinein. Die Samen sind groß und werden beim Gießen von oben nicht weggespült. Im April wird es in meinem Gewächshaus bis zu 20 °C warm und die Samen brauchen weniger als eine Woche, um zu keimen und einige Zentimeter zu wachsen. In dieser Phase stelle ich die Sämlinge zum Abhärten (S. 12) ins unbeheizte Frühbeet. Danach sind aus ihnen hohe, kräftige Pflanzen geworden, die ins Freie gesetzt werden können.

Pflanzen

Wenn ich im März die Beete für andere Kulturen vorbereite, markiere ich die spätere Fläche für Mais und arbeite je einen Eimer Stroh und verrotteten Stallmist ein. Die Erde setzt sich in den nächsten Wochen und keimendes Unkraut bekommt die Rück- (und Vorder-)seite meiner Hacke zu spüren! Am Pflanztag Mitte Mai harke ich die Fläche, zerkleinere Klumpen und gebe eine Handvoll Horn- und Knochenmehl auf das Beet. Damit die Befruchtung gelingt und sich Kolben entwickeln, pflanzt man Mais möglichst im Block oder im Verbund und nicht in Reihen. Der

Küchen-Tipp

Die Maisssuppe meiner Mutter war die Seelennahrung meiner Kindheit. Dafür reibe ich den frischen Mais, mische das Fruchtfleisch mit Gewürzöl und gebe frischen Ingwer, Chili, gemahlenen Kreuzkümmel und Salz dazu. Dann rühre ich Joghurt zum Andicken ein und gebe frischen, gehackten Koriander dazu. Nostalgie pur!

Wind (nicht Insekten) trägt den Pollen von den männlichen Blüten an der Pflanzenspitze zu den weiblichen Blüten, die in den Blattachseln sitzen. Stehen die Pflanzen in Gruppen, ist sichergestellt, dass die weiblichen Blüten befruchtet werden und buttergelbe Kolben reifen.

Ich pflanze Maisjungpflanzen 15 cm tief, damit sie später, wenn sie groß sind und die schweren Kolben tragen, stabil stehen. Auf den Samentüten wird ein Pflanzabstand von 45 cm empfohlen. Ich setze sie aber enger, mit 35 cm Abstand. So kann ich mehr Pflanzen unterbringen, ohne dass die Qualität der Ernte leidet.

Regelmäßige Pflege

Der Boden um die Maispflanzen muss immer feucht bleiben. Ich gieße sie regelmäßig, besonders bei Hitze. Trocknen die Pflanzen aus, kann eine frühzeitige Blütenbildung einsetzen und die Pflanzen bleiben klein und stämmig und liefern eine dementsprechend geringe Ernte.

Werden die Kolben Anfang August dicker, beobachte ich, wie Vögel und Eichhörnchen auf Beobachtungsposten gehen. Sie scheinen genau zu wissen, wann die Körner reif genug sind, um sie wegzuknabbern. Um sie fernzuhalten, spanne ich ein Netz um und über die Pflanzen. Ich lege es auf Bambusstäbe, die ich in die Erde stecke und auf die ich Plastikflaschen stülpe. So reißt das Netz nicht ein. Rund um die Pflanzen spanne ich es mit Heringen in den Boden und achte darauf, dass keine Stellen offen bleiben.

Ernten

Etwa Mitte August, wenn die weichen, hellgelben Fäden braun und trocken geworden sind, weiß ich, dass die Kolben reif und saftig sind. Ich greife die Kolben und drehe sie mit einem Ruck von der Pflanze. Als Nächstes bringe ich die Kolben so schnell wie möglich in die Küche. Den Geschmack von frisch geerntetem Mais am Kolben ist milder und frischer als alles, was man kaufen kann.

Oben links Wenn die Maispflanzen ein kräftiges Wurzelsystem haben, pflanze ich sie im Verbund.

Mitte Lassen Sie zwischen den Pflanzen genug Platz zum Unkrauthacken.

Rechts Reife Kolben kann man leicht mit der Hand abdrehen. Eine Schere braucht man nicht.

Unten Die braunen Fäden zeigen an, dass der Kolben reif ist.

OVERTHROW

Vermic

ZUCCHINI

Curcurbita pepo

Müsste ich ein Gemüse wählen, das mir gezeigt hat, dass der Geschmack von selbst Angebautem unschlagbar ist, wären es Zucchini. Bevor das Gärtnern meine Leidenschaft wurde, kaufte ich Zucchini im Supermarkt und dachte allen Ernstes, dass dieses geschmacklose Gemüse nur dazu dient, Speisen anzureichern! Fragte man mich, was ich von ihnen hielte, zuckte ich mit den Schultern und sagte: »Naja, sie sind ok.« Inzwischen baue ich seit zehn Jahren Zucchini an und schätze ihre einzigartige Textur und den Geschmack. Wenn ich im Sommer die Beete um die stacheligen Blätter jäte, pflücke ich sogar manchmal eine junge Zucchini und esse sie wie eine Gurke. Schließlich gehören sie zur selben Familie!

Rekhas Lieblinge

'Black Forest'
'Ambassador'
'Shooting Star'
'Zephyr'

Aussäen

Dieses Gemüse ist nicht Teil meines Aussaatmarathons im März. Da sie schnell keimen (innerhalb von sieben Tagen), holen Zucchini den Vorsprung immer auf, den Gemüsearten haben, die ich einen Monat früher aussäe.

Im April fülle ich drei 9-cm-Töpfe mit torffreier Universalerde und lege zwei Samen pro Topf 2,5 cm tief hinein. Meiner Meinung nach sind zwei oder drei Zucchinipflanzen, jeweils unterschiedlicher Sorten, mehr als ausreichend für unsere Familie. Ich ziehe sie im Gewächshaus vor, aber eine sonnige Fensterbank im Haus reicht auch. Sobald die Samen keimen und (etwa 14 Tage nach der Aussaat) zwei Laubblätter haben, entferne ich den schwächeren der beiden Sämlinge und topfe ihn, um ihn später zu verkaufen. Die Töpfe mit den kräftigeren Sämlingen stelle ich zum Abhärten (S. 12) ins unbeheizte Frühbeet. Dort bleiben sie bis nach den letzten Frösten. In meiner Region ist das etwa Mitte Mai der Fall. Nach diesen sechs Wochen sind die Pflanzen 20 cm hoch und der Boden hat sich erwärmt. Es ist Zeit, sie zu pflanzen.

Vorbereiten und pflanzen

Zucchini sind sehr hungrige und durstige Pflanzen und wenn ich im März die Beete vorbereite, bekommt die Fläche für Zucchini besonders viel liebevolle Zuwendung. Nach dem Umgraben hebe ich für jede Zucchinipflanze ein spatentiefes (30 cm) Loch aus. Ich gebe reifen Kompost und eine Handvoll Hühnermist hinein, fülle die Erde wieder hinein und markiere die Stelle mit einem Bambus-

Oben Dieser Zucchinisämling hat ein Laubblatt. Die anderen beiden sind Keimblätter.

Unten Gießen Sie Zucchini ohne Brause. So bleiben die Blätter trocken, was vor Pilzkrankheiten schützt.

Garten-Tipp

Nach dem Andrücken der Erde ziehe ich etwa 20 cm von der Pflanze entfernt einen kreisförmigen Graben um die Pflanzen. So fließt das Wasser beim Gießen zu den Wurzeln. Gießt man etwas vom Haupttrieb entfernt, wird dieser nicht unnötig nass, was zu Fäulnis führen könnte.

stab. Zur Pflanzzeit im Mai bin ich sehr froh, dass ich die Stelle so genau gekennzeichnet habe!

Am Tag vor dem Umzug der Pflanzen vom Topf ins Beet versorge ich sie noch einmal gut mit Wasser. Am nächsten Morgen grabe ich ein 15 cm tiefes Loch, klopfe die Pflanze mit der Hand aus dem Topf, setze sie vorsichtig ins Loch, fülle es wieder mit Erde auf und drücke diese fest. Nach dem Angießen (s. Garten-Tipp) verteile ich Stroh um die Pflanzen. So verdunstet weniger Wasser aus dem Boden. Als Letztes stelle ich Bierfallen (S. 10) auf, damit die Schnecken Party machen können und hoffentlich meine jungen, zarten Pflanzen in Ruhe lassen. Bis Juli verlieren die Schnecken glücklicherweise das Interesse an den Pflanzen, denn die Blätter sind groß und fest geworden und haben winzige, pieksende Härchen bekommen, über die die Schnecken nicht gerne kriechen.

Regelmäßige Pflege

Wenn ich etwas über die Pflege von Zucchini gelernt habe, dann, dass die Erde um die Pflanze weder ausgetrocknet noch zu nass sein darf. Eine schwankende Bodenfeuchtigkeit bereitet den Pflanzen Stress und sie können Echten Mehltau bekommen. Die Pilzkrankheit zeigt sich als weiße, staubige Schicht auf den Blättern. Die Pflanzen sterben zwar nicht, können aber weniger Sonnenlicht in Energie umwandeln und wachsen schlechter, bilden weniger Blüten und kleinere Früchte. Meine vorbeugenden Maßnahmen sind »Sonnentänze« im Sommer und Daumen drücken, dass es nicht zu heftigen Regenfällen kommt!

Die Pflanzen wachsen in der nährstoffreichen Erde schnell ein und bilden vier Wochen nach dem Pflanzen die ersten Blüten. Schwärmen Bienen um die Zucchinipflanzen, ist die Bestäubung gesichert und es ist Zeit, die Pflanzen das erste Mal mit Algen-Flüssigdünger zu düngen. Vor jeder Düngergabe muss der Boden feucht sein. Meine Mutter sagt immer: »Nimm' nie Medikamente auf nüchternen Magen.« Und das stimmt auch für meine Pflanzen. Sie nehmen die Nährstoffe besser auf, wenn sie gut mit Wasser versorgt sind.

Ernten

Mitte Juni sind die Pflanzen kräftig gewachsen. Die weiblichen Blüten (die männlichen haben nur ein langes Staubgefäß in der Mitte) werden am Blütengrund dicker und reifen zu Früchten.

Man erntet Zucchini, wenn sie 10–15 cm lang oder bei runden Sorten tennisballgroß sind. Ernten Sie regelmäßig, dann bilden die Pflanzen bis Ende August weitere Blüten und Früchte. Bei zu vielen Pflanzen kann das ein Problem werden. Mit nur drei Zucchinipflanzen bin ich eine der wenigen Kleingartenbesitzerinnen, die sich nicht über eine Zucchinischwemme im Sommer beschweren.

Oben rechts Nach der Bestäubung wird der Stiel der weiblichen Blüte dicker und es entsteht eine Frucht.

Ganz rechts 'Shooting Star' ist eine gelbe Sorte mit wohlschmeckenden Früchten und aufrechtem Wuchs.

Unten Zucchini sind so ertragreich, dass nur drei Pflanzen reichen, um die Familie den ganzen Sommer zu versorgen.

Küchen-Tipp

Mein Zucchini-Schokoladen-Kuchen ist saftig, zart schmelzend und köstlich und wird bei uns immer gerne gegessen. Bevor ich jedoch ans Backen denke, widme ich mich den zarten, buttergelben Blüten. Ich entferne von einer Handvoll männlichen Blüten die Staubgefäße und lege sie auf ein Omelette, bevor ich es umdrehe. So werden sie etwa eine Minute leicht gedünstet. Mit etwas Pflücksalat ergibt das ein einfaches, köstliches Mittagessen.

BASILIKUM

Ocimum basilicum

Ohne Basilikum komme ich einfach nicht aus. Im Sommer bin ich wie eine Heuschrecke und streife die Blätter von den Pflanzen, um sie frisch zu verarbeiten oder für den Winter zu trocknen. Als ich die Thaiküche kennenlernte, begeisterte mich der besondere Duft des Thaibasilikums und auch die Schärfe des Griechischen Basilikums liebe ich. Diese beiden sind neben dem milden Strauchbasilikum meine Favoriten.

Aussäen und pflanzen

Teil meiner großen Aussaat im März ist eine Schale mit drei gut gekennzeichneten Reihen Basilikumsamen: je eine für Strauch-, Griechischen Busch- und Thaibasilikum. Die Samen sind winzig, daher markiere ich die Reihen mit einem Schild und streue ein paar Samen aus. Anschließend drücke ich sie auf der Erde an, besprühe sie mit Wasser und stelle die Schale ins Wasser. Die Erde kann sich von unten vollsaugen und die winzigen Samen werden nicht weggespült. Anschließend lasse ich das überschüssige Wasser ablaufen und stelle die Schale ins Gewächshaus. Eine warme, helle Fensterbank wäre aber auch möglich.

Nach zehn Tagen sind die Basilikumsamen gekeimt. Wenn die Temperaturen steigen, gieße ich weiterhin von unten,

Garten-Tipp

Der intensive Duft des Basilikums schreckt Schädlinge ab. Daher stelle ich ihn so nah zu den Auberginen wie möglich. Sie sind dann vor der Weißen Fliege und Blattläusen geschützt. Aus dem gleich Grund pflanze ich ihn zwischen meine Freilandtomaten (S. 64-69).

Rekhas Lieblinge

Genoveser Basilikum
Griechisches Buschbasilikum
'Horapha Nanum' (Thaib.)

damit die Erde nicht austrocknet. Sobald die Sämlinge zwei Paar Laubblätter haben, topfe ich sie einzeln in 7-cm-Töpfe mit torffreier Erde, gieße sie an und stelle die Töpfe wieder auf das Regal im Gewächshaus.

Umtopfen

In der feuchten Gewächshausluft und vor der intensiven Sonne geschützt (S. 73) wachsen die Pflanzen schnell. Nach etwa sechs Wochen, also Mitte Mai, topfe ich die Basilikumpflanzen ein weiteres Mal, diesmal in 9-cm-Töpfe. Außerdem knipse ich die Triebspitzen heraus, damit die Pflanzen Seitentriebe bilden und buschiger werden. Zusätzlich unterstütze ich die Blattbildung in dieser Phase mit einer verdünnten Brennnesseljauche. Im Juni setze ich die Pflanzen ein letztes Mal um, diesmal in 5-l-Töpfe.

Ernten

Das Schöne an Basilikum ist, dass man ernten kann, sobald die Pflanzen 10 cm groß sind. Ich warte aber, bis sie kräftiger und etwa 25–30 cm groß sind. Ich pflücke die oberen Blätter und rege die Pflanzen so an, weitere Seitentriebe zu bilden. So kann ich bis Oktober laufend ernten.

Oben links Ich setze die Basilikumjungpflanzen in Tontöpfe. Sie sind durchlässiger als Kunststofftöpfe.

Oben 'Mammoth' ist eine Sorte mit besonders großen und aromatischen Blättern.

Unten Eine kleine Auswahl, darunter Griechisches Buschbasilikum (zweites von links) und Genoveser Basilikum (ganz rechts).

Küchen-Tipp

Am liebsten verwende ich frisches Basilikum für einen italienischen *Insalata Caprese*. Ich zerdrücke die Blätter mit etwas Steinsalz, gebe natives Olivenöl Extra dazu und verteile die leuchtend grüne Sauce über Tomaten- und Mozzarellascheiben. Dieses Gericht ruft einfach: »Der Sommer ist da!«

KNOBLAUCH

Allium sativum

Rekhas Lieblinge

Hardneck
'Carcassonne'
'Rose Wight'

Softneck
'Germidour'
'Solent Wight'

Ich erinnere mich, als wäre es gestern gewesen, wie ich das erste Mal Knoblauch angebaut habe. Es war Sommer, ich bekam die Schlüssel für eine Kleingartenparzelle und die ganze Familie (auch die unwilligen Teenager) half, mein kleines Paradies von Ackerwinde und Quecke zu befreien. Die Arbeit war anstrengend und es gab tränenreiche Momente, aber im September war der Boden bereitet und ich fest entschlossen, mit dem Gemüseanbau zu beginnen. Aber was konnte ich jetzt noch aussäen? Ich war damals noch unerfahren und (ehrlich gesagt) eine Schönwetter-Gärtnerin. Aber in meinen alten Gartenbüchern las ich, dass es die perfekte Zeit wäre, Knoblauch zu stecken. Also kaufte ich Knollen verschiedener Sorten, teilte sie in Zehen und steckte sie in die gesäuberten Beete meines Gartens.

Knoblauchsorten unterscheiden

Supermärkte zeichnen Knoblauch nicht als »Hardneck« oder »Softneck« aus. Als ich zu gärtnern begann, hatte ich daher keine Ahnung, was diese Begriffe bedeuten. Einfach gesagt steht »neck« für Stiel. Hardneck-Sorten bilden feste, aufrechte Blütenstiele, die beim Trocknen hart werden. Sie bilden große, intensiv schmeckende, dicke Knollen, die sich gut trocknen lassen, aber möglichst im Winter verbraucht werden sollten. Softneck-Sorten haben weiche Stiele, die man zum Flechten von Knoblauchzöpfen verwenden kann. Ihre Knollen sind kleiner und schmecken milder als die Hardneck-Sorten, aber sie lassen sich bis zum Frühling lagern. Ich baue beide an.

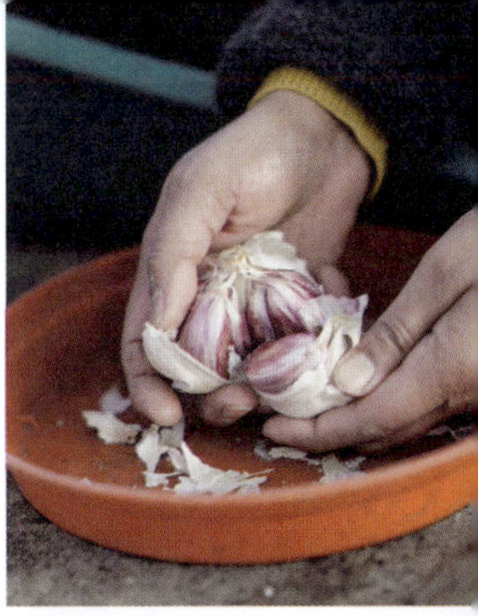

Stecken und pflanzen

Meist wird für beide Arten empfohlen, einzelne Zehen (mit der Spitze nach oben) direkt ins Beet zu stecken. In meinem ersten Kleingarten funktionierte das gut. Im späteren, nicht weit davon entfernten Garten kümmerte der Knoblauch aber. Ein nicht durchlässiger Boden und nassere Winter führten dazu, dass mein Knoblauch faulte. Demnach musste ich das direkte Stecken aufgeben.

Stattdessen stecke ich nun immer im September einzelne Zehen zweimal so tief, wie sie groß sind, in 9-cm-Töpfe und lasse sie bis zum Frühjahr im Gewächshaus. Knoblauch braucht zum Austreiben einen Kältereiz, aber im Gewächshaus ist es kalt genug dafür. Ist der Boden in Ihrem Garten durchlässig und nicht zu schwer, können Sie die Zehen im September oder Oktober genauso tief wie oben beschrieben direkt ins Beet stecken.

Im März bereite ich die Fläche für den Knoblauch vor: Ich arbeite die Gründüngung in den Boden ein (S. 8). Dort verrottet sie und reichert ihn mit Nährstoffen an. Ende April kann ich die Knoblauchpflänzchen im Abstand von 10 cm pflanzen. Eine gespannte Schnur sorgt dafür, dass die Reihe gerade wird. Zwischen den Reihen lasse ich 30 cm Platz, damit die Luft gut hindurchziehen kann. Außerdem achte ich darauf, dass ich die Sorten in verschiedene Reihen pflanze. Nach dem Angießen wachsen die Pflänzchen den Frühling über weiter.

Oben Legen Sie einen Teil der Zehen beiseite, damit Sie im Herbst wieder Knoblauch stecken können.

Unten Ich empfehle, keinen Knoblauch aus dem Supermarkt zu stecken. Er ist nicht auf Pflanzenkrankheiten getestet und kann chemisch behandelt sein.

Garten-Tipp

Neben sparsamem Gießen an der Basis schützt auch ein weiter Pflanzabstand vor Rostpilzen. Außerdem empfehle ich, Knoblauch immer auf anderen Flächen anzubauen, weil die Pilzsporen im Boden überdauern können (S. 10).

Links Lassen Sie so viel Abstand zwischen den Reihen, dass genug Platz fürs Hacken bleibt.

Unten Im Juli wird der oberirdische Teil der Pflanzen gelb und stirbt ab – ein sicheres Zeichen dafür, dass die Knolle nicht mehr größer wird.

Gegenüber oben und Mitte Lockern Sie den Knoblauch, ohne die Stiele zu verletzen. Waschen Sie ihn nicht. Zum Lagern muss er trocken sein.

Gegenüber rechts Schneiden Sie beim Ernten von Softneck-Sorten die Blätter nicht ab. Nach dem Trocknen sind sie biegsam genug, um Zöpfe damit zu flechten.

Regelmäßige Pflege

Wenn die Temperaturen steigen, gieße ich so wenig wie möglich und ohne Brause, damit die Blätter nicht nass werden. Indem ich an die Basis gieße, schütze ich die Pflanzen vor dem Rostpilz. Seine Sporen leben in der Erde und durch das Gießen von oben könnten Wassertropfen vom Boden auf die Pflanze gelangen und den Pilz an die Blattunterseiten bringen. Außerdem halte ich die Fläche unkrautfrei. Das ist vor allem im Juni wichtig, wenn ich den Knoblauch um die Triebe herum nach Packungsanweisung mit Horn- und Knochenmehl dünge.

Die Lauchminierfliege (S. 176) ist von März bis April und von September bis November aktiv. Da ich erst Ende April pflanze und vor September ernte, muss ich die Pflanzen nicht mit Netzen schützen.

Ernten

Wenn das Laub der Knoblauchpflanzen gelb wird und leblos wirkt, ist es Zeit, das Gießen ganz einzustellen und die Pflanzen zum Ernten absterben zu lassen. Softneck-Sorten knicken ab, als hätten sie ihr Leben aufgegeben! An einem trockenen Nachmittag hole ich die Knollen vorsichtig mit einer Grabegabel aus dem Boden, schüttle die Erde ab und lege sie in den Topfschuppen, wo es trocken und hell, aber nicht zu sonnig ist. Nachdem ich sie ein bis zwei Wochen habe trocknen lassen, bereite ich die Knollen fürs Lagern vor. Ich beginne mit den Hardneck-Sorten. Ich streife anhaftende Erde ab und schneide einen Teil der trockenen Wurzeln sowie den Blütenstängel bis auf 8 cm Länge ab. Dann binde ich mehrere Stängel zusammen und hänge die Büschel in meine kühle Garage. Bei den Softneck-Sorten schneide ich die Wurzeln ab, sortiere die Knollen nach Größe und flechte die Stängel. Ich empfehle, mit der größten Knolle anzufangen und mit der kleinsten aufzuhören und pro Zopf etwa zwölf Knollen zusammenzuflechten.

Küchen-Tipp

Das Lieblingsgericht meiner Tochter sind Knoblauch-Garnelen, die in Öl mit Kurkuma, Chili, Mangopulver und reichlich gehacktem eigenem Knoblauch gebraten werden. Geben Sie anschließend Zitronensaft, gehackten Koriander (für meine Tochter nicht!) darüber und genießen Sie. Ich verspreche, es sind die besten Garnelen, die Sie je gegessen haben!

ERBSE

Pisum sativum

Erbsen sind pflegeleicht, brauchen keine hohen Stützen (vor allem die Zwergsorten) und sind damit bestens für Gartenneulinge geeignet. Am intensivsten schmecken sie frisch gepflückt und so kurz wie möglich gekocht und oftmals fällt es schwer, sie vom Garten bis in die Küche zu bekommen. Deswegen sagen Gärtner, dass Erbsen das Gemüse ist, das am schwersten zu »retten« ist.

Dem stimme ich zu. Immer wenn ich Hülsen ernte, bin ich versucht, die frischen grünen Kerne direkt in meinen Mund wandern zu lassen. Widerstand ist in meinem Fall zwecklos: Die einzige Möglichkeit wäre, mir den Mund zuzukleben! So richtig schuldig fühle ich mich aber nicht, denn meine Familie mag Erbsen überhaupt nicht. Ich frage mich, wie das sein kann. Aber egal, so bleibt mehr für mich!

Rekhas Lieblinge

'Alderman'
'Douce Provence'
'Hurst Greenshaft'
'Meteor' (Zwergsorte)

Aussäen im Gewächshaus

Anfang März ist das Gewächshaus desinfiziert und wurde einem tüchtigen Frühjahrsputz unterzogen. Jetzt können die Erbsen gesät werden, denn Kälte macht ihnen nichts aus. Nachdem ich die Rootrainer mit torffreier Universalerde gefüllt habe, lege ich jeweils eine Erbse pro Töpfchen 4–5 cm tief hinein.

Die Keimung dauert nicht länger als zwei Wochen. Sobald der Keimling zu sehen ist, stelle ich die Rootrainer ins ungeheizte Frühbeet und fange mit dem Abhärten an (S. 12). Während sich die jungen Erbsen an die Temperaturen im Freien gewöhnen, wachsen sie kräftig weiter.

Pflanzen

Am Pflanztag Anfang April arbeite ich einen Eimer Kompost in die Fläche ein, in die ich die Erbsen pflanzen werde. Dann kennzeichne ich die Pflanzreihen mit der Pflanzschnur und setze die Erbsen mit 10 cm Abstand rechts und links der Schnur in die Erde. Nachdem ich jede Pflanze angedrückt habe, entferne ich die Schur und beginne 15–20 cm entfernt eine neue Reihe. Da die Reihen recht nah beeinander liegen, nutzen die Erbsenpflanzen sich beim Wachsen gegenseitig als Rankhilfe. Trotzdem helfe ich ihnen ein bisschen, indem ich alte Himbeertriebe als Stützen dazwischenstecke. Nach dem Angießen stelle ich in der Nähe der zarten Jungpflanzen eine Bierfalle (S. 10) für die Schnecken auf.

Garten-Tipp

Erbsen sind für die kühle Jahreszeit gemacht und können schon im Februar unter Glas ausgesät werden. Ich warte lieber und säe sie einen Monat später, Anfang März. Bis sie abgehärtet sind und gepflanzt werden können, ist der Boden abgetrocknet und die Pflanzen haben einen guten Start.

Unten links Meine Arbeitswanne fängt Erde auf, die daneben geht. So wird nichts verschwendet.

Unten Meiner Erfahrung nach keimen Erbsen zuverlässig und es reicht, ein Korn pro Topf zu säen.

Rechts Im August mache ich mit der Ziehhacke eine breite Furche und säe die Erbsen direkt hinein.

Ganz rechts Erbsen in Doppelreihen können sich gegenseitig stützen, wenn sie größer werden.

Garten-Tipp

Im Mai erwacht der Erbsenwickler aus der Winterruhe. Die Weibchen sind von Früh- bis Spätsommer aktiv und legen ihre Eier in blühende Erbsenpflanzen. Daraus schlüpfen Raupen, die sich in die Hülsen knabbern und die Kerne fressen. Da meine Erbsen außerhalb dieser Zeit blühen, werden sie nicht befallen.

Oben rechts Erbsen schmecken am besten, wenn sie frisch sind, also sobald ich die Hülse öffne!

Ganz rechts Die kleinen Kerne sind schon zu sehen, brauchen aber noch drei bis fünf Wochen bis zur Ernte.

Unten Alte Himbeerzweige geben den Pflanzen Halt, wenn die Hülsen schwerer werden.

Direktsaat und regelmäßige Pflege

Im April können Erbsen direkt ins Beet gesät werden. Ich ziehe meine vor, säe aber im August noch einmal welche direkt. Wenn die Pflanzen dieser zweiten Aussaat blühen, ist der Erbsenwickler nicht mehr aktiv (s. Garten-Tipp).

Bei der Aussaat im Freiland ziehe ich eine schmale, 15 cm breite und 5 cm tiefe Furche mit kleinen Wällen an den Seiten. Ich lege entlang der beiden Furchenränder Samen im Abstand von 5 cm ab und markiere Anfang und Ende der Reihe mit Stöcken. Anschließend fülle ich die Furche wieder mit der Erde und gieße die Samen an. Die Keimung dauert zehn Tage. Sobald die Pflanzen etwa 8 cm groß sind, stecke ich wie bei den vorgezogenen Erbsenpflanzen alte Himbeertriebe als Stützen dazwischen.

Beginnen die vorgezogenen Pflanzen im Mai zu blühen, dünge ich wöchentlich mit Beinwell- oder Algen-Flüssigdünger (S. 8) und gieße ebenfalls einmal wöchentlich. Ist das Frühjahr sehr trocken, gieße ich sogar zwei- bis dreimal pro Woche.

Ab Juni bis Ende August ist der Erbsenwickler auf der Suche nach Erbsenblüten. Die vorgezogenen Pflanzen blühen dann schon nicht mehr und sind nicht gefährdet. Erbsen, die im April ins Freiland gesät wurden, müssen jedoch ab Mai mit feinen Netzen vor den Schädlingen geschützt werden.

Ernten

Erbsen können etwa sechs Wochen nach dem Verblühen geerntet werden. Bei meinen vorgezogenen Pflanzen ist das Ende Juni der Fall und ich kann sicher sein, dass sie nicht von Schädlingen angefressen wurden. Die Erbsen, die ich im August ins Freiland gesät habe, blühen Mitte September, wenn der Erbsenwickler nicht mehr fliegt. So kann ich bis etwa Ende Oktober gesunde Hülsen ernten (und frische Erbsen naschen).

Küchen-Tipp

Obwohl meine Familie Erbsen nicht mag, schmuggele ich manchmal welche in *Kachoris*, eine Art indische Kroketten. Sie enthalten zerkleinerte Erbsen sowie gehackte Chili, geriebenen Ingwer und Gewürze. Das kitzelt die Geschmacksknospen!

ERDBEERE

Fragaria* × *ananassa

Für viele sind Erdbeeren das Zeichen dafür, dass der Sommer gekommen ist. Als ich aber meinen Kleingarten übernahm und sah, wie viele Erdbeerpflanzen dort wuchsen, wusste ich nicht, ob ich erfreut oder entsetzt sein sollte – eine Familie kann einfach nur eine begrenzte Menge frischer Erdbeeren essen! Da ich die reiche Ernte nicht verkommen lassen wollte, konnte ich nur eines tun: die Herausforderung annehmen und meine Angst vor dem Marmeladekochen überwinden. Inzwischen mag ich es, damit herumzuexperimentieren, und nehme sogar an Wettbewerben teil. Das verdanke ich alles den ersten Erdbeerpflanzen in meinem Kleingarten.

Rekhas Lieblinge

'Cambridge Favourite' (früh)
'Honeoye' (mittel)
'Mara des Bois' (remontierend)

Welche Erdbeersorten anbauen?

Sommertragende Sorten bilden die größten Früchte. Ihre Saison ist zwar kurz, aber wenn man eine Mischung aus frühen, mittelfrühen und späten Sorten anbaut, ist man über lange Zeit versorgt. Ich mag am liebsten remontie-

rende Erdbeersorten. Sie haben kleine, aber köstliche Früchte. Man erntet zwar keine großen Mengen, aber die Pflanzen tragen bis zum ersten Frost. Walderdbeeren haben winzige, aromatische und süße Früchte. Sie sind pflegeleicht und wachsen im Schatten oder wo es kühl ist.

Der Neubeginn

Die Pflanzen, die ich mit dem Garten übernahm, trugen bald nicht mehr gut. Nachdem ich herausgefunden hatte, dass Erdbeeren im zweiten Jahr die schönsten Früchte haben und nach dem dritten Jahr ersetzt werden müssen, beschloss ich, neue wurzelnackte Pflanzen zu besorgen. Man erhält sie in der Wachstumspause im Winter und sie haben das beste Preis-Leistungs-Verhältnis. Man kann aber auch aus Ablegern neue Pflanzen machen (S. 110).

Ich stelle die wurzelnackten Pflanzen über Nacht in einen Eimer mit so viel Wasser, dass die Wurzeln bedeckt sind. Am nächsten Tag mische ich torffreie Erde mit einer Handvoll Horn- und Knochenmehl und setze die Pflanzen in Terrakottatröge oder 1-l-Töpfe. Das Herz der Pflanzen muss

Oben Wie bei der Sorte 'Honeoye' sind die meisten Erdbeerblüten weiß mit gelber Mitte.

Unten Pflücken Sie die Früchte, wenn sie vollständig rot sind. Im Kühlschrank halten sie zwei Tage.

Oben Erdbeeren vermehren sich über Ausläufer. Möchten Sie neue Pflanzen ziehen, topfen Sie Ableger von zweijährigen Pflanzen.

Unten Ich setze meine Ableger im Frühherbst in Tröge. Sie tragen dann im nächsten Sommer.

über der Erde sitzen. Ich drücke und gieße die Pflanzen an und stelle sie ins unbeheizte Gewächshaus.

Beginnen sie im März auszutreiben, stelle ich die Pflanzen an einen geschützten Platz im Freien und gieße, sobald die Erde sich trocken anfühlt. Nach drei Wochen stelle ich die Gefäße an ihren endgültigen Platz: erhöht und vollsonnig an der Rücklehne meiner Palettenbank.

Kostenlose Pflanzen

Im Laufe der Zeit revanchieren sich Erdbeerpflanzen, indem sie an langen Ausläufern Ableger bilden. Diese kann man topfen und so neue Pflanzen ziehen. Die Ausläufer wachsen im Sommer an ein- und zweijährigen Pflanzen. Ich empfehle aber, von einjährigen keine Ableger zu machen. Sie rauben der Mutterpflanze Kraft und Nährstoffe, sodass diese sich nicht gut entwickeln kann. Daher schneide ich die Ableger ab.

An den Ausläufern sitzen kleine Blatt- und Wurzelrosetten, die zu neuen Pflanzen werden. Ich verwende von jedem Ausläufer nur die kräftigste Rosette und setze sie noch an der Pflanze mit dem Ausläufer in einen 7-cm-Topf, mit dem Herz über der Erde. Damit die Wurzeln des Ablegers guten Kontakt zur Erde haben, decke ich die Erde mit feinem Kies ab, gieße und stelle den Topf auf.

Sobald sich neue Blätter bilden und die Wurzeln aus den Abzugslöchern herauswachsen (meist nach 4–6 Wochen), trenne ich den Ausläufer – die Nabelschnur – ab und eine neue Erdbeerpflanze ist geboren! Als Nächstes bringe ich die Pflänzchen an einen geschützten Platz und topfe sie in 9-cm-Töpfe. Ich entferne alle Blüten, damit die Pflanze ihre Kraft zur Wurzelbildung nutzt, und halte die Pflanzen feucht. Im September pflanze ich sie in Kübel. Sie vertragen Frost und können im Freien überwintern.

Regelmäßige Pflege

Bei Erdbeeren in Töpfen darf die Erde nicht austrocknen. Den Sommer über gieße ich meist zweimal täglich, denn die Pflanzen stehen in der vollen Sonne. Ich gieße nie von oben, damit Herz und Blätter trocken bleiben und nicht von Grauschimmelfäule (Botrytis) befallen werden. Sobald Blüten zu sehen sind, dünge ich wöchentlich mit einem kaliumbetonten Algen-Flüssigdünger oder mit Beinwelljauche. Diese gieße ich ebenfalls auf die Erde, nicht auf die Pflanzen, damit der Pilz die Früchte nicht befällt. Entfernen Sie faule Blätter und Früchte schnellstmöglich, damit die Krankheit sich möglichst wenig ausbreitet. Die Töpfe sollten unkrautfrei gehalten werden, damit die Früchte schön groß werden.

Garten-Tipp

Früher habe ich Erdbeeren im Beet angebaut. Aber egal wie gut ich sie vor Schnecken geschützt habe, die Früchte waren immer angefressen. Seit ich sie in Terrakottagefäßen erhöht aufstelle, verursachen Schnecken weniger Schäden und ich kann sie einfacher absammeln. Außerdem sehen die hängenden Früchte sehr schön aus.

Ernten

Erdbeerblüten duften und was noch besser ist: Bienen lieben sie. Je nach Sorte bilden sich die Früchte Mitte Juni, kurz nachdem die Blüten bestäubt wurden. Mit einem guten Gieß- und Düngeplan werden sie innerhalb weniger Wochen dicker. Manchmal schneide ich Blätter über den Früchten ab, damit diese mehr Sonne bekommen und schneller reifen. Sind die Früchte vollständig rot, können sie geerntet werden. Ich empfehle, die Erdbeeren abzuschneiden oder zu knipsen, statt daran zu ziehen. So werden die weichen Früchte nicht zerdrückt.

Unten Eine Strohschicht um die Pflanzen hält die Feuchtigkeit im Boden und unterdrückt Unkraut.

Küchen-Tipp

Ich liebe es, Erdbeermarmelade zu kochen. Einen Teil der Früchte schneide ich aber in dünne Streifen, die ich im Ofen trockne und für Cupcakes verwende. Streuen Sie eine Handvoll in den Teig. Diese Cupcakes sind unten garantiert nicht matschig!

SPINAT

Spinacia oleracea

Ich habe nie etwas besonders Spannendes über Spinat gehört, aber das anspruchslose Blattgemüse ist sehr zuverlässig – ein wenig wie das Familienmitglied, das bei jedem Treffen da ist, aber im Hintergrund bleibt.

Spinat ist wohlschmeckend und vielseitig, spielt in meiner Küche eine wichtige Rolle und ist eine Konstante in meinem Sommergemüsebeet. Ich baue ihn auch an, um ihn als Schnittsalat zu ernten. Dann verwende ich in den kühleren Monaten die unteren jungen Blätter in Salaten.

Die Comicfigur »Popeye« liebt Spinat und hat mich wahrscheinlich als Kind dazu gebracht, ihn zu essen. Heute würze ich die gewellten Blätter mit Muskat und etwas Olivenöl – zufälligerweise heißt Popeyes Freundin Olivia.

Rekhas Lieblinge

'Monnopa'
'Bloomsdale' (Sommersorte)
Ewiger Spinat

Aussäen und im Topf anbauen

Ich säe Spinat im März 2,5–3 cm tief in Anzuchtplatten und bedecke die Samen mit einer feinen Schicht gesiebter Erde. Nach dem Angießen mit einer Kanne mit feiner Brause stelle ich die Platten ins Gewächshaus. Anfang

April können die Sämlinge in 7-cm-Töpfe pikiert werden. Sobald sie 3–5 Laubblätter haben, stelle ich die Töpfe zum Abhärten (S. 12) ins unbeheizte Frühbeet.

Neben dem Aussäen im Gewächshaus in Platten säe ich auch direkt in Töpfe. Dabei verteile ich die Samen dünn auf festgedrückter Erde in Trögen und mittelgroßen Töpfen. Dort bleiben sie die gesamte Wachstumszeit über. Spinat kann im März auch direkt ins Beet gesät werden. Dann legt man die Samen in 2 cm tiefe Rillen. Sind die Samen erst einmal gekeimt, müssen sie nicht vereinzelt werden.

Unten Spinat erntet man am besten jung. Die Blätter sind dann frischgrün und zart.

Oben Wenn ich rund um den Spinat Unkraut jäte, kontrolliere ich gleichzeitig die Blätter auf Schädlinge.

Gegenüber rechts Junge Spinatblätter stecken voller wertvoller Inhaltsstoffe. Ich ernte sie regelmäßig und mische sie in Salate.

Pflanzen

Für Spinat ist eine Sache wichtig: Er muss kühl stehen. Säen Sie ihn auf eine helle Fläche ohne direkte Mittagssonne. Etwa Mitte April werden die abgehärteten Pflänzchen in Reihen ins Kohlbeet gepflanzt. In dieses ist bereits Mist und Stroh eingearbeitet, damit es in den Sommermonaten gut Feuchtigkeit speichern kann. Ich setze die Pflanzen mit 30 cm Abstand und mache die Pflanzlöcher mindestens 15 cm tief. So können die Wurzeln gut einwachsen. Vor dem Angießen drücke ich die Erde rund um die Pflanzen gut an, damit der Wind nicht zu sehr an den Trieben ruckeln kann. Die Pflanzen werden später bis zu 20 cm hoch. Windbewegung regt den Spinat an, frühzeitig zu blühen (schießen), und die Ernte wäre gefährdet.

Regelmäßige Pflege

Spinat muss, wie ich immer wieder betone, vor allem in heißen, trockenen Phasen regelmäßig gegossen werden. Ich lasse die Erde nie austrocknen. Achten Sie außerdem auf hellgrüne Flecken auf den Blättern. Sie sind ein sicheres Zeichen dafür, dass Rübenfliegen an der Unterseite der Blätter fressen. Eventuell können Sie die Larven, die in den Blättern sitzen, zerdrücken. Oder Sie entfernen befallenes sowie abgestorbenes Laub und andere Pflanzenteile in der Nähe der Pflanzen. So verhindern Sie, dass die Schädlinge im Boden überwintern.

Garten-Tipp

Ich baue auch Ewigen Spinat an, eine Art, die festere Blätter und Stiele hat als »echter« Spinat. Ausgesät, getopft und gepflanzt wird er genauso. Wenn ich nicht zu viele Blätter ernte, wächst der Ewige Spinat im Herbst und Winter weiter.

Küchen-Tipp

Große Spinatblätter sind im berühmten vegetarischen Punjabi-Gericht Saag Paneer der beste Ersatz für Blattsenf. Dafür brät man gewürfelte Zwiebeln mit grünen Chili, geriebenem Ingwer und Knoblauch an. Dann gibt man erst Chili, gemahlenen Kreuzkümmel und reichlich Garam Masala, anschließend gehackte Tomaten dazu. Der Spinat wird in einer Pfanne angedünstet, dann püriert und mit Paneer und etwas Sahne verrührt und mit Reis serviert. Guten Appetit!

Ernten

Junge, zarte Spinatblätter kann man schon sechs Wochen nach der Keimung ernten. Sie sind dann etwa 6 cm lang. Für diesen Babyspinat ist der Anbau in Pflanzgefäßen sehr praktisch, denn in Töpfen und Kübeln kann man die Blätter einfacher ernten.

Ausgewachsene Spinatblätter ernte ich ab Mai bis Ende Juni, wenn sie noch essbar und nicht zu fest und bitter sind. Ich ernte immer eher große Mengen, die ich dann mit nach Hause nehme und an mehreren Tagen verarbeite. Blätter, die ich nicht frisch verwende, wasche und dünste ich. Nachdem ich die Feuchtigkeit herausgedrückt habe, teile ich die Menge in kleinere Portionen und friere sie für später ein. Sie schmecken in Fisch-Pie herrlich.

DILL

Anethum graveolens

Zu behaupten, dass ich Dill sehr gerne mag, wäre untertrieben. Ich liebe alles an ihm: Blätter, Blüten und Samen. Das filigrane Laub verleiht gegrillten oder gebratenen Meeresfrüchten Tiefe und ich bereite leidenschaftlich gerne Graved Lachs zu (roher Lachs in Salz und Zucker gepökelt und mit Dill gewürzt). Und haben Sie schon einmal Tee aus Dillblüten probiert? Er beruhigt den Magen.

Für mich sind auch die Samen wertvoll. Ich gebe sie in die Lake, wenn ich Gurken und anderes Gemüse einlege. Schon eine kleine Menge reicht, wie ich lernen konnte, als ich es einmal übertrieben habe. Versuchsweise habe ich einmal gemahlene Dillsamen in einen Fish Pie gegeben. Es schmeckte fantastisch. Dieses wunderbare Kraut werde ich sicherlich noch in vielen anderen Gerichten verwenden.

Rekhas Lieblinge

'Dukat'
'Mammoth'
'Nano'

Aussäen

Auf den Samentüten wird empfohlen, Dill in Anzuchtschalen vorzuziehen. Beim Umsetzen werden aber die Wurzeln verletzt, bei mir funktioniert die Direktsaat besser. Anfang

Oben Dill mag es nicht, vom Wind hin- und hergeweht zu werden. Daher bekommt er eine einfache Stütze.

Unten Die winzigen gelb-grünen Blüten sitzen in Dolden, also in flachen Büscheln, nebeneinander.

Mai arbeite ich Kompost und Stroh in die Pflanzfläche ein. So wird der Boden nährstoffreicher und kann Feuchtigkeit besser speichern. Ich ebne das Beet ein und decke es mit Vlies ab. Am Tag vor der Aussaat gieße ich es mit einer feinen Brause und bedecke es wieder mit dem Vlies.

Am nächsten Morgen arbeite ich eine Handvoll Horn- und Knochenmehl in den Boden ein und streue die Dillsamen aus (s. Garten-Tipp). Anschließend harke ich vorsichtig über die Erde. Die Samen sind klein und müssen nicht vollständig bedeckt sein. Ich gieße, stelle eine Bierfalle (S. 10) auf, denn Schnecken mögen den Dill genauso gerne wie ich, und decke die Fläche wieder mit dem Vlies ab. Nach einer knappen Woche sind Keimlinge zu sehen. Dann entferne ich das Vlies und gieße regelmäßig.

Sobald die Pflanzen etwa 10 cm groß sind, kneife ich die Spitzen ab und verwende sie zum Kochen. Dadurch wird die Pflanze angeregt, auch aus den Seitentrieben auszutreiben. Sobald die Pflanzen 30 cm groß sind, stütze ich sie mit Stangen und Schnur. Dill kann über 1 m hoch werden und dann bei starkem Wind abbrechen.

Ernten

Ab Ende Mai ernte ich die oberen Pflanzenteile und fahre damit im Juni und Juli fort, wenn der Dill blüht. Es ist eine große Freude zu sehen, wie viele Bestäuber die Blüten anziehen. Ende August ernte ich die Samenstände und lasse sie im Schuppen trocknen. In Gläsern sind sie Erinnerungen an den glücklichen Sommer.

Garten-Tipp

Statt in Reihen verteile ich die Dillsamen locker auf der Beetfläche. Die Pflanzen stützen sich gegenseitig mit ihrem feinen Laub.

KARTOFFEL

Solanum tuberosum

Unter Gärtnern heißt es, dass man den Geschmack der ersten selbst angebauten Kartoffeln nie mehr vergisst. In meinem Fall war es genauso. Ich baute in einem Topf 'Charlotte' (eine mittelfrühe Sorte) an und das Ernten fühlte sich an, also würde ich Gold schürfen. Ich war zu aufgeregt, sie zu zählen, aber ich erinnere mich an die perfekten, eigroßen Knollen und wie wir sie am selben Abend genossen. Im Gegensatz zu denen aus dem Supermarkt waren sie nicht nur eine Beilage, sondern hatten einen eigenen Geschmack, der mich süchtig machte.

In meinem ersten Kleingarten konnte ich das Frühjahr nicht abwarten, um endlich Kartoffeln legen zu können! Zwischen den vielen modernen und alten Sorten hatte ich die Qual der Wahl. Bald baute ich frühe, mittelfrühe und späte Sorten an, sodass wir jetzt fast das ganze Jahr leckere eigene Kartoffeln essen können.

Rekhas Lieblinge

Früh
'Red Duke of York'
'Swift'

Mittelfrüh
'Charlotte'
'Laura'

Spät
'Desiree'
'Ackersegen'
'King Edward'

Pflanzkartoffeln vortreiben

Ich kaufe Pflanzkartoffeln, da diese zertifiziert frei von Krankheiten sind, und treibe sie vor. Dafür lege ich sie nebeneinander auf ein Tablett oder in einen leeren Eierkarton. Meist beginne ich damit im Januar und stelle die Kartoffeln dann ins Gewächshaus oder auf eine Fensterbank in einem kühlen Raum im Haus. Durch das Antreiben haben die Kartoffeln einen Vorsprung und sie wachsen anschließend schneller. Außerdem weiß ich, dass das, was ich in die Erde lege, lebensfähig ist. Wenn die kleinen dunklen Triebe nach etwa sechs Wochen etwa 1 cm lang sind, können die Kartoffeln gelegt werden. Je nach Sorte ist der zeitliche Ablauf etwas unterschiedlich.

Die Unterschiede zwischen Kartoffelsorten

Kartoffelsorten sind nach ihrem Erntezeitpunkt in Gruppen unterteilt. Die »frühen« oder »neuen« Kartoffeln sind die ersten. Sie brauchen ab dem Legen zehn bis zwölf Wochen. Sie sind klein und eignen sich für kleine Gärten oder den Anbau in Töpfen. Die »mittelfrühen« Sorten brauchen 14–16 Wochen. »Späte« Sorten werden als Letzte gelegt und brauchen 16–22 Wochen bis zur Ernte. Ihre Schale ist dicker, sodass sie länger im Boden bleiben und gut gelagert werden können.

Den Boden vorbereiten

Ich beginne mit den Vorbereitungen für die frühen Sorten im Februar (sofern das Wetter es erlaubt). Ich grabe die Fläche um, verteile Hühnermistpellets, die ich leicht einharke, und ziehe die Fläche glatt. Die Würmer, die der Hühnermist anlockt, machen die Erde krümelig und ihre Hinterlassenschaften liefern kostenlos organischen Dünger. Anschließend lege ich ein Vlies auf die Fläche. Es bleibt dort 3–4 Wochen, damit der Boden sich erwärmt.

Kartoffeln legen

Zwischen Mitte und Ende März ziehe ich eine 30 cm tiefe Furche und fülle eine 15 cm dicke Schicht reifen Kompost hinein. Darauf gebe ich eine dünne Schicht Erde, in die ich die frühen Kartoffeln lege. Ich setze die Knollen vorsichtig

Ganz oben An einem hellen kühlen Platz bilden die Kartoffeln dunkle, kräftige Triebe.

Oben Haben Sie nur wenig Platz, können Sie frühe Sorten in Pflanzsäcken anbauen.

Rechts Zwischen den Kartoffelreihen lasse ich Platz für ein Brett. Es verteilt mein Gewicht, während ich häufele.

Unten Bis zum Ausgraben der Pflanzen weiß man nie, wie groß die Ernte sein wird.

Gegenüber Gelbfleischige Sorten scheinen besonders lagerfähig zu sein.

Garten-Tipp

Unregelmäßiges Gießen kann ich nicht gutheißen. Die Knollen wachsen ungleichmäßig oder reißen auf. Das passiert meist, wenn die Erde trocken ist und die Pflanze sehr viel Feuchtigkeit aufgenommen hat. Kartoffelpflanzen sind durstig. Gießen Sie sie wöchentlich, in Trockenphasen zweimal die Woche.

mit den Austrieben nach oben hinein und markiere Anfang und Ende der Reihe. Dann verschließe ich die Furche wieder. Dabei achte ich darauf, dass ich weder die Kartoffeln verschiebe, noch die Keimlinge abbreche. Ist eine Furche verschlossen, ziehe ich 60 cm davon entfernt die Reihe für die mittelfrühen Sorten. Nachdem ich beide angegossen habe, decke ich sie mit Vlies ab und achte in den nächsten ein bis zwei Wochen darauf, ob grüne Triebe zu sehen sind. Sobald ich welche entdecke, nehme ich das Vlies tagsüber ab und lege es abends wieder aufs Beet.

Häufeln und regelmäßige Pflege

Sobald die Triebe etwa 10 cm hoch sind, häufele ich die Frühkartoffeln an. Dabei ziehe ich mit einem Rechen Erde von rechts und links an die Pflanzen, bis nur noch zwei bis drei Blätter zu sehen sind. Nachts lege ich bis nach den letzten Frösten (etwa Mitte Mai) das Vlies auf das Beet. Wachsen die Pflanzen weiter, häufele ich sie weiter an. Die Knollen sitzen an den Trieben und durch das Anhäufeln der Erde werden die Pflanzen angeregt, Knollen zu bilden. Auch verhindert es, dass die Knollen grün und ungenießbar werden, und sorgt dafür, dass die Pflanzen aufrecht stehen. Regelmäßiges Gießen ist ebenfalls wichtig. Die Erde darf nicht austrocknen (s. Garten-Tipp).

Mittelfrühe Sorten werden genauso und mit den gleichen Abständen und der gleichen Pflanztiefe angebaut, aber einen Monat später. Späte Sorten werden erst Anfang Mai gelegt. Man lässt zwischen den Knollen mehr Abstand als bei frühen und mittelfrühen Sorten und zwischen den Reihen 75 cm Platz. Durch den Abstand von 40 cm und einer Pflanztiefe von 15 cm werden die Knollen größer; schließlich sollen sie uns über den Winter bringen.

Ernten

Zehn bis zwölf Wochen nach dem Legen, etwa Mitte/Ende Juni, beginnt das Laub der frühen Sorten zu welken – ein sicheres Zeichen dafür, dass die Knollen geerntet werden können. Frühkartoffeln schmecken am besten frisch, denn durch ihre dünne Schale sind sie nicht gut lagerfähig.
Ich grabe im Juni und Juli bei Bedarf mehrere Pflanzen gleichzeitig aus. Die mittelfrühen Sorten sind einen Monat später so weit, etwa Mitte Juli. Ich ernte und verwende sie genau wie die Frühkartoffeln.

Bei den späten Sorten verläuft die Ernte etwas anders. Wenn sie im August blühen, häufele und gieße ich sie weiter regelmäßig. Wenn aus den Blüten Früchte reifen, entferne ich diese, damit die Kraft der Pflanzen in die Knollen geht. Ende August werden die Blätter gelb. Dann stelle ich das Gießen ein und kürze die Triebe bis auf 15 cm Länge ein. Das beschleunigt das Festwerden der Schale. Drei Wochen später, ab Mitte September, kann ich die Pflanzen ausgraben. Ich wähle dafür einen trockenen Tag.

Kartoffeln lagern

Zunächst lege ich die Pflanzen in die Herbstsonne, damit Erde, die noch an den Knollen haftet, bröseltrocken wird. Nach einigen Stunden bürste ich die Erde ab. Kartoffeln sollten nicht gewaschen werden, denn Bakterien im Wasser könnten die Knollen schädigen. Weiche und angefressene Knollen sortiere ich aus. Den Rest lagere ich in Jutesäcken in einer kühlen Garage oder einem Schuppen.

Garten-Tipp

Krautfäule ist eine Pilzkrankheit, die vor allem späte Sorten befällt. Blätter und Triebe sterben quasi über Nacht ab. Als Erstes werden die oberen Blätter braun. Retten Sie die Knollen, indem Sie schnellstmöglich das Laub kurz über dem Boden abschneiden und verbrennen. Das hindert die Krankheitserreger, in die Knollen zu wandern. Sind nur die Blätter befallen, sind die Knollen trotzdem genießbar.

SCHNITT-LAUCH

Allium schoenoprasum

Ich habe diese ausdauernde Würzpflanze vor über zehn Jahren aus Samen gezogen. Seitdem blüht und versamt sie sich im ganzen Garten, sogar zwischen den Steinplatten vor dem Gewächshaus und in Holzhäckseln auf den Wegen. Die Samen, die ich nun aus den hübschen rosavioletten Blüten sammele, kann ich in Naan verarbeiten. Sie sind der perfekte Ersatz für Schwarzkümmel.

Die frischen Halme haben einen zarteren Zwiebelgeschmack als andere Lauchgewächse. Im Sommer verwende ich sie im Lieblingsgericht meiner Familie: Kartoffelsalat. Ich mag sie feingeschnitten in Käse-Chili-Schnittlauch-Scones, am liebsten warm und mit einer Tasse Chai.

Rekhas Lieblinge

Schnitt-Knoblauch
Sibirischer Schnittlauch

Aussäen und teilen

Säen Sie den Schnittlauch im Frühherbst dort, wo er wachsen soll. Ich habe die ersten Samen ins Kräuterbeet verteilt und mit einer Schicht gesiebter Erde abgedeckt. Ich habe sie noch nicht einmal angegossen; der Herbst-

regen übernahm das für mich. Die Samen blieben bis zum Beginn des nächsten Frühjahrs in der Ruhephase, dann bildeten sie kleine, grasähnliche Halme. Im April waren aus den Pflänzchen hübsche, üppig grüne Horste geworden.

Pflegen und ernten

Es heißt, Schnittlauch braucht nährstoffreichen, feuchten Boden. Die Pflanzen, die sich in meinem Garten selbst ausgesät haben, wachsen auch ohne Gießen. Aber die größte Pflanze, die im Kräuterbeet steht und regelmäßig gegossen wird, ist gesünder und kräftiger. Bevor sich Blütenstiele bilden, ernte ich Halme, indem ich sie an der Basis abschneide. Im Juni kann ich dann ein zweites Mal nach Bedarf ernten. Im Juli lasse ich die Pflanzen Blüten bilden. Diese ernte ich, bevor sie sich öffnen. Ich nehme die nektarreichen Knospen mit nach Hause, trockne sie an der Luft und lagere sie in luftdichten Behältern, damit ich sie später für Käseplätzchen verwenden kann.

Garten-Tipp

Schnittlauchblüten locken Bienen an, aber auch Schwebfliegen und Marienkäfer, die Gegenspieler von Blattläusen. Auch kann der Geruch den Duft der Möhrenblätter überdecken und die Möhrenfliege fernhalten. Soll sich der Schnittlauch nicht im Garten versamen, müssen die Blüten vor der Samenbildung entfernt werden.

Oben Ich verpflanze Schnittlauch, der sich selbst ausgesät hat, als Schädlingsabwehr an verschiedenen Stellen.

Unten, ganz links Neben Schnittlauch baue ich Sibirischen Schnittlauch und Schnitt-Knoblauch an.

Unten links Lassen Sie einige Blüten für die Bestäuber stehen, wenn Sie sie für Sommersalate ernten.

KORIANDER

Coriandrum sativum

Die einen lieben ihn, die anderen hassen ihn. Ich komme ohne den würzig-scharfen Koriander nicht aus. Er war ein Grundnahrungsmittel bei meiner Mutter und ist in der asiatischen Küche unverzichtbar und damit Teil meines kulinarischen Erbes. Auch war er die erste Würzpflanze, die ich auf der Fensterbank angebaut habe. Er ist sehr leicht auszusäen und kann in Töpfen im Freien gezogen werden, sofern er halbschattig und nicht direkt in der Sonne steht, regelmäßig gegossen und frostfrei überwintert wird.

Wenn ich die Blätter geerntet habe, lasse ich die Pflanze Blüten bilden. Sie ziehen Schwebfliegen magisch an. Kurz darauf bilden sich kugelige, würzige Samen und ich liebe es, sie zu trocknen, zu mahlen und verschiedene Gerichte, zum Beispiel indische Zwiebelringe (Bhajiya), damit zu würzen. Ich verwende die Samen auch beim Einlegen.

Rekhas Lieblinge

'Confetti'
'Leisure'
'Santo'

Aussäen

Ich säe während der Wachstumszeit dreimal Koriander aus. Zum ersten Mal im März im Gewächshaus (eine helle

Fensterbank würde auch funktionieren). Ich weiche die Samen über Nacht ein und säe in jede Zelle der Anzuchtplatte einen Samen in torffreie Erde und bedecke ihn mit gesiebter Erde. Ich säe nicht in Schalen, denn das Umpflanzen würde die Wurzeln der kleinen Pflänzchen schädigen. Sieben bis zehn Tage später keimen sie und wachsen dann schnell weiter. Haben sie ein kräftiges Wurzelsystem ausgebildet, setze ich sie in 3-l-Töpfe. Mitte Mai stelle ich die Töpfe an einen geschützten, halbschattigen Platz im Freien. Ich halte die Erde immer feucht und gieße nur von unten.

Den zweiten und dritten Satz säe ich direkt. Im Mai neben den Knollensellerie und im Juli auf die Fläche, auf der die ersten Erbsen (S. 104–107) standen. Der Koriander profitiert dann von dem Stickstoff, den die Erbsen im Boden hinterlassen haben. Ich streue die Samen locker aus, statt in Reihen zu säen (s. Dill, S. 116–117). So stützen und schützen sich die Pflanzen gegenseitig – ein Tipp, den ich von einem indischen Landwirt bekommen habe.

Oben Um die Jungpflanzen vor Frost zu schützen, stelle ich sie bis Mitte Mai ins Haus.

Unten Im Halbschatten und bei gleichmäßig feuchter Erde blüht Koriander nicht frühzeitig.

Ernten

Sobald die Pflanzen etwa 10 cm groß sind, schneide ich die oberen 7 cm ab, damit die unteren Blätter gefördert werden. Die Pflanzen treiben schon bald neu aus und ich lasse sie dann wachsen. Wenn sie etwa 15 cm hoch sind, ernte ich von der Hälfte der Pflanzen die Blätter. Nach zwei Wochen ernte ich die Blätter der restlichen Pflanzen. Die zuerst abgeernteten Pflanzen sind dann schon wieder nachgewachsen. Ich könnte auch alle drei Wochen neu säen und dann alle Pflanzen schneiden, aber mir ist es lieber, die äußeren Blätter älterer Pflanzen zu ernten, die dann weit würziger schmeckendes Laub bilden.

Im August lasse ich einige der im März gesäten Pflanzen Blüten und Samen bilden. Letztere sammele ich ein, wenn sie hellbraun und reif sind. Einige trockne ich als Saatgut fürs nächste Jahr, für die anderen habe ich in der Küche gute Verwendung.

MINZE

Mentha

Als mir klar wurde, wie viele Minzearten und -sorten es gibt, wurde mir schwindelig. Es gibt über 120 Sorten und ich hatte mich mit Grüner Minze und Pfefferminze begnügt! Zugegebenermaßen sind sie die meiste Zeit des Jahres meine Lieblinge, aber ich habe eine kleine Sammlung mit Schokoladenminze und Marokkanischen Minzen, mit denen ich vor Gartenbesuchern gerne angebe. Es gibt sogar eine panaschierte Sorte, aber die habe ich noch nicht in die Finger bekommen.

Stecklinge schneiden

Ich habe versucht, Minze aus Samen zu ziehen, hatte aber keinen Erfolg. Es ist viel einfacher, sie über Stecklinge zu vermehren, die man kurz vor der Blüte schneidet. Bei mir funktioniert das im Spätfrühling am besten. Schneiden Sie ein etwa 10 cm langes Triebstück ab, entfernen Sie die unteren Blätter und stecken Sie den Trieb in einen 8-cm-Topf mit feuchter Erde. Stellen Sie den Topf ins Gewächshaus oder im Freien an einen hellen Platz ohne direkte

Rekhas Lieblinge

Schokoladenminze
Marokkanische Minze
Pfefferminze
Grüne Minze

Sonne. Bis zum Hochsommer ist die Erde durchwurzelt. Die Minze pflanzt man dann in einen großen Tontopf und stellt sie halbschattig auf. Wer Minze direkt ins Beet pflanzen möchte, sei gewarnt: Sie wuchert und ihr großes Wurzelsystem durchzieht den Boden sehr schnell. In meinem Kleingarten habe ich die Pflanze in einen Kunststofftopf mit herausgeschnittenem Boden gepflanzt und diesen Topf dann im Kräuterbeet versenkt. Er hält die Wurzeln unter Kontrolle. Bei mir steht die Minze in der Sonne und beschwert sich nicht. Allerdings bekommt sie viel Wasser.

Ernten

Minze können Sie ernten, sobald sie im Vorfrühling neue Blätter bildet. Schneiden Sie die ganze Pflanze im Sommer zurück, treibt sie wieder aus. Ich ernte Pfeffer- und Grüne Minze im Vollfrühling und lasse sie im Topfschuppen trocknen. Die getrockneten, gehackten Blätter verwende ich den Winter über. Nach dem Rückschnitt bekommen die Pflanzen Algen-Flüssigdünger oder Beinwelljauche. So kann ich nach etwa sechs Wochen bis zum ersten Frost wieder frische Blätter ernten.

Ganz oben Im Frühling lassen sich die neuen Triebe von Minzen im Topf als Stecklinge nutzen.

Oben Stecken Sie entlang des Topfrandes Triebstücke bis zur Hälfte in die Erde.

Links Im Frühling und Sommer verarbeite ich die Minze frisch. Ich ernte aber auch immer Triebe, die ich trockne und im Winter verwenden kann.

Garten-Tipp

Pflanzen Sie die stark duftende Minze neben Möhren und Kohl. Die Inhaltsstoffe der Minzblätter halten Schädlinge fern. Wenn Sie die Minze blühen lassen, ziehen die kleinen Blüten bestäubende Insekten an.

BETE

Beta vulgaris

Bete wirkt vielleicht langweilig, aber für mich ist sie eine stille Heldin. Sie liefert zuverlässig eine Ernte, so wie ein großer Bruder, der mir den Rücken stärkt. In meiner Region sind die Winter mild und ich kann bis Mitte November frische Bete anbauen und ernten. Den Rest des Jahres überbrücken wir mit eingelegter Bete, die ich Ende August eingemacht habe. Das Wurzelgemüse ist pflegeleicht und wird von Schnecken gemieden. Es ist das perfekte Gemüse für Gartenanfänger, denn es wächst in nahezu jedem Boden, sogar in meinem sehr schweren Lehmboden, und kann in Töpfen oder Balkonkästen angebaut werden. Ein Sache mag Bete allerdings gar nicht: wenn das Laub anderer Pflanzen ihr die Sonne nimmt. Daher achte ich darauf, ihnen die passenden Beetnachbarn zu geben, und zwar andere niedrige Arten wie Speiserüben.

Rekhas Lieblinge

'Burpees Golden' (gelb)
'Chioggia' (gestreift)
'Detroit 2' (rot)

Aussäen und vereinzeln

Ich widerstehe der Versuchung, Bete im März direkt zu säen. Die Samen schmollen in dem nur angewärmten

Boden und keimen womöglich nicht. Ende April ist der Boden wärmer und ich habe ihn umgegraben, von Unkraut befreit, feinkrümelig geharkt und einen organischen Dünger eingearbeitet. Ist es trocken, gieße ich das Beet am Tag vor der Aussaat, damit die Feuchtigkeit den Samen beim Quellen und Keimen hilft.

Ab April säe ich monatlich eine 30 cm lange Reihe Bete in eine maximal 1 cm tiefe Rille. Beim Säen bin ich streng. Statt die Samen einfach auszustreuen, lege ich sie genau im Abstand von 3–4 cm ab. Jedes Korn besteht aus zwei bis drei Samen. Wenn ich jetzt sehr sorgfältig arbeite, brauche ich drei Wochen später weniger Zeit zum Vereinzeln. Denn dann ist meine To-Do-Liste ellenlang!

Sobald ich die Samen gesät und mit Erde bedeckt habe, drücke ich die Reihe mit dem Rücken der Harke an. So bekommen die Samen guten Kontakt zum Boden und es bleiben keine Hohlräume. Anschließend gieße ich sie mit

Oben Ob gestreift, orange oder rot – Bete ist einfach anzubauen.

Unten Manche Gärtner lassen Betesamen vor der Aussaat quellen. Wenn man sie nach dem Aussäen gut angießt, ist das aber nicht notwendig.

einer Kanne mit feiner Brause an. Nach dem Keimen (was sieben bis zehn Tage dauern kann) warte ich, bis sich die ersten Laubblätter bilden. Erst dann vereinzele ich die Pflanzen je nach Sorte und wie groß ich die Bete ernten möchte. 5 cm Abstand ist für Rote Bete ideal, denn ich ernte sie am liebsten in Golfballgröße, damit beim Einlegen mehr in ein Glas passen. Die anderen lasse ich tennisballgroß werden und röste sie. Gelbe oder gestreifte Bete vereinzele ich auf 6 cm Abstand und ernte sie tennisballgroß. Ich verwende sie roh oder brate sie.

Regelmäßige Pflege

Bete braucht nicht viel, ist aber dankbar, wenn man sie wöchentlich gießt und das Beet unkrautfrei hält, damit die dicker werdenden Rüben nicht mit den Unkräutern um Nährstoffe und Wasser konkurrieren müssen. Schon früh sind die Rüben über der Erde zu sehen und ich jäte sehr vorsichtig um sie herum.

Im Sommer achte ich auf unregelmäßige Flecken auf den Blättern, die schorfig aussehen und bald braun und schrumpelig werden. Das ist keine natürliche Welke, denn diese würde das ganze Blatt betreffen, sondern entsteht durch einen Schädling, die Rübenfliege. Ihre Larven sitzen unter der Blattoberfläche und verursachen die typischen Fraßgänge. Ich zerdrücke die Larven und verbrenne befallene Blätter.

Ernten

Bete kann etwa zehn bis 15 Wochen nach der Aussaat geerntet werden. Meine erste Aussaat aus dem April ist Mitte Juni erntereif. Ich greife einfach alle Blätter einer Pflanze und ziehe die Rüben aus der Erde. Eine Handschaufel brauche ich nicht. Da ich bis August monatlich eine kleine Menge aussäe, kann ich bis November ernten – aber da die letzte Aussaat dann länger als 15 Wochen her ist, kann es vorkommen, dass ich dann Riesenbete ernte!

Garten-Tipp

Beim Vereinzeln von Bete halte ich die Pflänzchen rechts und links des Sämlings, den ich entfernen möchte, mit Zeige- und Mittelfinger fest. So bleiben sie fest im Boden, wenn ich ihren unerwünschten Nachbarn herausziehe. Die überschüssigen Sämlinge mische ich in Salat.

Oben Lässt man Bete dicht stehen, werden die Rüben nicht zu groß.

Mitte Frische Bete lässt sich nicht gut lagern. Ernten Sie immer nur so viel, wie Sie brauchen.

Gegenüber Überzählige Sämlinge schmecken in Salat oder Gemüsepfannen.

Küchen-Tipp

Vor allem die gestreifte, frisch geerntete Bete schmeckt roh in Salat gerieben sehr gut. Gelbe Bete entfaltet ihren milden Geschmack als Ofengemüse am besten. Ich schäle die gekochte Bete, schneide sie in Stücke, gebe gedünstete Edamame dazu und übergieße alles mit einer Sesamsauce. Es bleibt nichts übrig, versprochen!

HERBST

In dieser Jahreszeit füllen sich Körbe und Säcke und in den Regalen reihen sich Gläser mit eingelegtem Gemüse auf. Nun ist es Zeit, dankbar zu sein.

APFEL

Malus domestica

»Oh, er sieht aus wie aus dem Bilderbuch!«, sagte ich, als meine Mutter in Sambia jedem von uns Kindern zum ersten Mal einen leuchtend roten Apfel gab. So eine schöne Frucht! Aber der Geschmack war eine echte Enttäuschung. Die importierten Äpfel lagen wahrscheinlich so lange im Kühlraum, dass sie Geschmack und Knackigkeit verloren hatten. Heute weiß ich, dass der trockene, mehlige Apfel ein 'Red Delicious' war. Bis ich einige Jahre später als Erwachsene einen Londoner Gemüsemarkt besuchte, war mir nicht klar, dass es so viele andere Sorten gibt. Meine Augen leuchteten, als sich mir eine völlig neue Welt eröffnete. Und von den alten Sorten, die heute wieder kultiviert werden, weiß ich nicht, welche ich am liebsten mag. Eins stand aber früh fest: Ich will Äpfel anbauen. Aber welche?

Rekhas Lieblinge

'Beauty of Bath' (früh)
'Braeburn' (spät)
'Elstar' (Balkonsorte)
'Gala' (mittelfrüh)

Apfelbäume auswählen

Ich wollte eine Apfelsorte, die man als Tafelobst isst und die zu den Bedingungen in meinem Garten passt. Die endgültige Größe war der entscheidende Faktor, denn ein großer, ausladender Baum würde Schatten auf mein geliebtes Gemüse werfen. Die Größe von Apfelbäumen wird von der Unterlage (dem Wurzelstock) bestimmt. Ich wählte also einen Apfelbaum mit schwach wachsender Unterlage. Außerdem habe ich Höhenangst, was auch für einen kleinen Baum sprach. Meiner wird nur 3 m hoch und zum Pflücken reicht eine kleine Trittleiter.

Das Pflanzen eines Apfelbaumes spielt aber nicht nur für das Hier und Jetzt eine Rolle. Wenn ich eines Tages meinen Kleingarten abgebe, sollen die nächsten Pächter sich ebenfalls an den Früchten freuen können.

Bäume pflanzen

Damit Apfelbäume reichlich tragen, brauchen sie einen sonnigen, geschützten Platz (in Süd- oder Südwestlage). Meinem Baum bieten Gewächshaus und Schuppen Windschutz, denn Wind kann die zarten Blüten schädigen und

Garten-Tipp

Am günstigsten ist es, wurzelnackte Jungbäume zu kaufen. Diese werden ausgegraben und ohne Erdballen verkauft. Man bekommt sie während der Wachstumsruhe im Spätherbst und Winter. Ich habe einen zwei Jahre alten, wurzelnackten Baum gekauft, der nicht wirklich viel hermachte, aber weniger als die Hälfte eines Baumes im Topf kostete. Falls die Saison für wurzelnackte Gehölze schon vorbei ist: Gehölze, die im Topf verkauft werden, können das ganze Jahr gepflanzt werden.

Ganz links Apfelbäume blühen im Erstfrühling und können bei Frost Schaden davontragen. Wählen Sie für kühlere Regionen spätblühende Sorten.

Links Nach der Befruchtung der Blütenknospen (S. 140) bilden sich schon bald kleine Früchte.

Insekten vertreiben, bevor sie ihren wichtigen Job als Bestäuber erledigen konnten.

Ich machte das Pflanzloch für meinen wurzelnackten Baum doppelt so groß wie die Wurzeln und füllte es bis knapp unter der verdickten Stelle am Stamm mit guter Erde auf. Die Stelle darf nicht unter der Erde liegen, denn dann könnten sich Sekundärwurzeln von der Edelsorte bilden, was den Baum schwächt. Bäume im Topf werden so tief gepflanzt, wie sie vorher im Topf standen.

Regelmäßige Pflege

Im Frühjahr ist für Obstbäume eine Mulchschicht wichtig. Im März und April gieße ich bei Trockenheit und verteile dann etwa 40–50 cm um den Stamm herum eine 5 cm dicke Schicht Kompost. Sie liefert die im Frühjahr so wichtigen Nährstoffe, hält die Feuchtigkeit im Boden und unterdrückt Unkräuter. Junge Bäume gieße ich in heißen Sommern dreimal wöchentlich mit einer Gießkanne. So habe ich einen besseren Überblick, wie viel Wasser sie bekommen haben, als beim Gießen mit dem Schlauch: Eine volle 10-l-Kanne sollte reichen.

Schneiden

Damit Obstbäume gesund und ertragreich bleiben, müssen sie regelmäßig geschnitten werden. Das bedeutet aber nicht, dass man vorsichtig kleine Äste abschneidet, weil man Angst hat, dem Baum zu schaden! Es gibt ein Schema, dem man folgt. Die beste Jahreszeit ist der Winter, wenn der Baum in der Wachstumsruhe ist. Vor dem Schnitt reinige und schärfe ich meine Gartenwerkzeuge: eine Rosenschere für dünne Zweige, eine Astschere für Äste bis zu 4 cm Durchmesser und eine kleine Säge für alle dickeren.

An jedem Ast suche ich die drei bis vier kräftigsten Kurztriebe aus, an denen der Baum Blütenknospen bilden wird. Die anderen entferne ich mit einem sauberen Schnitt über einer nach außen zeigenden Knospe. Als Nächstes entferne ich alle Äste, die sich kreuzen. Sie würden aneinander reiben und Wunden bekommen, durch die Krankheitserreger eindringen können. Auch Äste, die ins Innere der Krone wachsen, sollten entfernt werden. So wird die Krone lockerer und die Luft kann besser hindurchziehen. Das beugt Krankheiten vor und die Früchte bekommen mehr Sonne.

Ernten

Der Erntezeitpunkt von Äpfeln variiert je nach Sorte: Frühe sind im Spätsommer reif, späte im Oktober. Ich ernte im September. Die Früchte sind dann schön gefärbt und lösen sich leicht vom Baum. Ich achte darauf, dass sie nicht herunterfallen oder beschädigt werden, denn dann lassen sie sich nicht mehr gut lagern.

Oben links Wenn sich Blätter und Blüten bilden, ist es Zeit, Klebefallen aufzuhängen (s. Garten-Tipp).

Oben Beim »Junifall« stößt der Baum einige Früchte ab. Die restlichen werden dafür größer.

Unten Ernten Sie Äpfel, indem Sie sie vorsichtig in die Hand nehmen und leicht vom Ast drehen.

Garten-Tipp

Äpfel werden häufig vom Apfelwickler befallen. Die Weibchen legen im Frühsommer Eier, aus denen Larven schlüpfen, die in den Früchten fressen. Die Äpfel sind dann innen braun und faulig. Zur Bekämpfung hänge ich im Vorfrühling Pheromonfallen in die Bäume. Bevor die männlichen Apfelwickler die Weibchen befruchten können, bleiben sie an den Fallen kleben.

HIMBEERE

Rubus idaeus

Als ich meinen Garten von John übernahm, war ich überglücklich, dass ich Himbeerpflanzen geerbt hatte. Himbeeren sind ausdauernde Gewächse und es gibt sommer- und herbsttragende Sorten. Die von John waren Sommerhimbeeren. Leider hielt die Freude nicht lange. Die Pflanzen sahen müde aus und ließen sich auch mit liebevoller Pflege in Form von Hühnermist, Horn- und Knochenmehl und reichlich Mulch nicht aufpäppeln. Nach zwei Jahren musste ich sie roden (tut mir leid, John!). Ich ersetzte sie durch Herbsthimbeeren, die in nur zwei Jahren gut einwuchsen und mich mit den köstlichsten Beeren versorgen, die ich je gegessen habe.

Rekhas Lieblinge

'All Gold'
'Autumn Bliss'
'Polka'

Sorten auswählen

Ich habe Sommer- sowie Herbsthimbeeren angebaut und kann berichten, dass Herbstsorten ertragreicher und pflegeleichter sind und auch im Kübel gedeihen. Sommerhimbeeren werden etwa 1,50 m hoch und ihre hageren, aber oben schweren Triebe müssen mit Drähten,

Links Herbsthimbeeren lassen sich gut einfrieren. Am besten geeignet sind kleinfrüchtige Sorten.

die man zwischen Pfählen spannt, gestützt werden. Nach der Ernte, also im September, müssen die abgetragenen Triebe entfernt und die diesjährigen Triebe sorgfältig angebunden werden. Da ich nur einen kleinen Bereich in meinem Garten habe, in dem ich Obst anbaue, und nur wenig Zeit habe, mich darum zu kümmern, war klar, dass Herbsthimbeeren weniger Arbeit verursachen würden. Und dass ich mehr ernten würde, obwohl die Früchte kleiner sind. Die Sommerhimbeeren mussten gehen und ich schreibe hier nur über Herbsthimbeeren. Ich bekam von einem Hobbygärtner wurzelnackte Triebe (ohne Ballen) und hätte solche auch gekauft, denn sie kosten wesentlich weniger als solche im Topf.

Pflanzen

Wurzelnackte Herbsthimbeeren kann man von November bis Februar kaufen. Die Pflanzen sind dann in der Wachstumsruhe. Zu dieser Jahreszeit konnte ich dank der fast leeren Beete die Fläche gut einschätzen und einen perfekten Platz für die Pflanzen finden. Als ich meine zu Winterbeginn pflanzte, war die Erde noch nicht gefroren und ich gab mehrere Schaufeln Mist in die Pflanzlöcher (Kompost

Oben Ich mag es, früh im Jahr draußen zu sein, zum Beispiel um die Himbeeren zu mulchen.

ist auch geeignet). Dieser versorgte die Himbeerpflanzen im Frühjahr mit einer Extraportion an Nährstoffen. Damit neue Triebe genug Platz hatten, ließ ich zwischen den Pflanzen etwa 60 cm Abstand. Nach dem Pflanzen (s. Garten-Tipp unten) schnitt ich die bestehenden Triebe auf 30 cm zurück. Das klingt viel, aber es hilft den Pflanzen, ihre Kraft für das Bilden eines gesunden Wurzelsystems zu nutzen, und sie wachsen schnell ein.

Schneiden und regelmäßige Pflege

Im Januar schneide ich bei den eingewachsenen Himbeerpflanzen alle Triebe 10 cm über dem Boden ab. Die abgeschnittenen Ruten hebe ich auf, denn sie ergeben gute Stützen für meine Erbsenpflanzen (S. 104–107).

Anschließend lockere ich mit der Handhacke den Boden um die Pflanzen. So lege ich Käfer frei, die unter dem Laub überwintern. Sie sind dann der Kälte ausgesetzt und sterben oder dienen Rotkehlchen als proteinreicher Snack. Nach etwa vier Tagen verteile ich um, aber nicht bis direkt an die Pflanzen eine 5 cm dicke Schicht Kompost. Er sorgt dafür, das die schlafenden Knospen an den geschnittenen Trieben im Frühjahr Seitentriebe bilden.

Beginnen die Pflanzen auszutreiben, hält der Mulch die Feuchtigkeit im Boden. Im Frühsommer gieße ich mindestens einmal pro Woche. Wenn die Triebe etwa 1,50 m hoch sind und bevor sie schwer an den Früchten zu tragen haben, stelle ich die Rankhilfen auf. Ich verwende Zaunpfähle aus Metall, zwischen die ich drei Bahnen Schnur spanne. Wenn die Pflanzen im Hochsommer zu blühen

Garten-Tipp

Beim Pflanzen von wurzelnackten Himbeeren muss die Verdickung an der Triebbasis unter der Erde sitzen. Aus dieser Knospe wachsen die neuen Triebe nach oben und sind ab dem Frühjahr über der Erde zu sehen.

beginnen, dünge ich sie bis Ende September oder bis die Pflanzen keine Früchte mehr bilden wöchentlich mit Algen-Flüssigdünger. Ich schütze meine Himbeeren nicht mit Netzen, denn sie verhaken sich in den Pflanzen und beschädigen die Beeren, wenn ich sie abnehme. Dank Henry, dem Habicht, einer Vogelattrappe, die Tauben und Elstern fernhält, ernte ich trotzdem reichlich.

Ernten

Die Haupterntezeit ist im September, aber einige Beeren reifen schon Mitte August. Pflücken Sie nur solche, die sich leicht von der Pflanze lösen. Der Nachteil von Herbsthimbeeren: Sie haben dünne, spitze Stacheln. Wenn ich »Aua!« murmelnd durch die Pflanzen gehe, mache ich mir bewusst, dass die Kratzer ein niedriger Preis für die vielen Gläser Himbeermarmelade sind, die bald in meinen Regalen stehen. Einen Teil der Beeren friere ich ein und dekoriere damit meinen New York Cheesecake »Rekha-Style«.

Unten links Reife Himbeeren lassen sich ganz leicht vom Blütenboden lösen. Dieser bleibt an der Pflanze.

Unten Bei mir liegt die Haupterntezeit im September. War der Herbst mild, konnte ich schon bis Ende November ernten.

KNOLLEN-FENCHEL

Foeniculum vulgare* var. *azoricum

Wie der Federkopfschmuck eines Tänzers wiegt sich der hohe Blattschopf des Knollenfenchels über den verdickten Speicherblättern. Knollenfenchel stammt aus dem Mittelmeerraum und führt sich zuweilen wie eine Diva auf, die es nicht ausstehen kann, vernachlässigt zu werden. Das Gemüse liebt es, sich in eine Decke aus krümeliger, warmer Erde einzukuscheln. Sobald er nur für kurze Zeit austrocknet, zeigt er seinen Unmut, indem er schießt, also seine Doldenblüten bildet. Die Knolle wird dann nicht mehr dicker und bleibt so klein, dass man sie nicht essen kann. Bei großen Knollen ist der Geschmack unberechenbar. Ich finde frische, geriebene Knollen zu intensiv für Salate. Wenn man sie aber langsam im Ofen backt, kommt ihr sanftes, süßes Anisaroma sehr schön heraus.

Rekhas Lieblinge

'Fennel de Firenze'
'Mantovano'
'Romanesco'

Aussäen

Ich säe das wärmeliebende Gemüse im Juli, wenn der Boden warm ist. Er wird meist in Rootrainern vorgezogen, aber meiner Erfahrung nach keimen die Samen wesentlich besser, wenn man sie direkt ins Beet sät. Warum also den Aufwand mit Erde und Töpfen machen, wenn ich den Fenchel direkt auf die Fläche säen kann, wo die Frühkartoffeln (S. 118-121) standen? Nachdem ich diese geerntet habe, ist der Boden feinkrümelig, was die Fenchelsamen lieben. Ich verliere keine Zeit und schnappe mir Harke, Handschaufel und Pflanzschnur. Zuerst reche ich die Fläche gerade und entferne einjährige Unkräuter, die sich in den Zinken verfangen. Dann markiere ich eine Reihe, indem ich eine Schnur zwischen zwei Stäben straff spanne. Mit der Handschaufel ziehe ich eine 1 cm tiefe Rille, lege die Samen im Abstand von 3 cm hinein und decke sie mit Erde zu. Danach gieße ich die Reihe.

Garten-Tipp

Ich empfehle, Fenchelaussaaten mit einer Kanne mit feiner Brause zu gießen. Ein kräftiger Wasserguss spült die Samen weg und sie keimen an Stellen, wo sie nicht wachsen sollen.

Unten Durch das Vereinzeln haben die Knollen Platz, eine gute Größe zu entwickeln.

Rechts Halten Sie das Fenchelbeet feucht und unkrautfrei. So können die Pflanzen alle Kraft in die Knollen stecken.

Gegenüber Ende August sind die dicken Blattstiele deutlich sichtbar. Die weiße Knolle sitzt direkt darunter.

Vereinzeln und pflegen

Für so eine aufwendige Gemüseart ist die Keimdauer ziemlich kurz – nur fünf, manchmal sieben Tage. Sobald die Sämlinge ein Paar Laubblätter haben, vereinzele ich sie auf 5 cm Abstand. Strecke ich Zeige-, Mittel- und Ringfinger nebeneinander aus, ist das genau dieses Maß und ich brauche kein Pflanzlineal. Sehr praktisch!

Wie bereits erwähnt, ist Knollenfenchel durstig, aber wenn ich den Boden feucht halte, indem ich den Spätsommer hindurch täglich gieße, ist diese schöne Pflanze glücklich. Außerdem sorge ich dafür, dass die Erde um die dicker werdenden Knollen unkrautfrei bleibt. Die Unkräuter konkurrieren sonst mit dem Fenchel um Wasser und Nährstoffe und die Knollen bleiben kleiner.

Ernten

Fenchel kann geerntet werden, sobald die Knolle etwa apfelgroß ist. Meist ist das im September der Fall. Manchmal grabe ich nicht die gesamte Pflanze aus, sondern schneide die Knolle an der Basis ab und lasse die Wurzeln im Boden. Nach einigen Tagen treiben sie neu aus und manchmal kann ich vor dem Frost ein zweites Mal ernten. Die zweite Knolle ist meist kleiner, aber ein willkommenes Geschenk, vor allem, wenn auf der Samentüte steht, dass nur eine Knolle pro Pflanze zu erwarten ist. Gut, wenn man Knollenfenchel auf Rekha-Art anbaut!

Je nach Wetter kann ich bis November Fenchel ernten. In milden Wintern und wenn ich die Pflanzen mit Pflanzglocken geschützt habe, konnte ich sogar Anfang Dezember noch ein, zwei frische Knollen finden. Zuhause angekommen, röste ich die Knollen im Ofen und serviere sie entweder mit gebratener Seebrasse oder mit gegrillten Halloumischeiben. Köstlich!

Garten-Tipp

Von einem italienischen Gartennachbarn habe ich gelernt, die Erde um die Fenchelpflanzen vorsichtig mit einer Hacke anzuhäufeln. So stehen sie auch bei Wind sicher, schießen nicht und die Knollen bleiben heller und zarter.

SELLERIE

Apium graveolens* var. *rapaceum

Ich finde, dieses knubbelige, langsam wachsende Gemüse sieht urzeitlich aus und bestimmt hat es eine lange Kulturgeschichte. Die behaarte und wurzelartige »Knolle«, bestehend aus Wurzel und Sprossachse, liebt feuchten Boden. Das liebenswerte an diesem hässlichen Entlein unter den Gemüsearten ist jedoch, dass die ganze Pflanze essbar ist – bis auf die grobe Schale. Ich trockne die Blätter und verarbeite sie zu Selleriesalz und nutze die Blattstiele wie Staudensellerie – sie müssen nur ein bischen länger gekocht werden. Kocht man die Knolle mit Kartoffeln, kann man ein herrliches Stampfgemüse herstellen. Auch geröstet oder als Chips schmeckt sie köstlich.

Rekhas Lieblinge

'Giant Prague'
'Monarch'
'Prinz'

Aussäen

Meine ersten Aussaaten von Knollen- und Staudensellerie gingen nie auf. Ich hielt schlechtes Saatgut und unpassende Bedingungen im Gewächshaus für den Grund, war aber in Wirklichkeit selber schuld. Nach sieben erfolglosen Jahren kam der Moment der Erleuchtung, denn ich fand heraus, dass die Samen Licht brauchen. Ich hatte sie dummerweise immer mit Erde abgedeckt. Hurra! Heute fülle ich eine Aussaatschale fast vollständig mit Erde, drücke diese an und siebe ein wenig Erde darauf, damit die Samen auf einem weichen Kissen liegen. Dann säe ich sie dünn aus und drücke sie vorsichtig an. Als Nächstes stelle ich die Schale so lange in Wasser, bis die Erde sich vollgesogen hat. Das kann bis zu einer halben Stunde dauern. Anschließend decke ich die Schale mit dem Deckel ab.

Vereinzeln

Das Wichtigste ist Geduld. Die Keimung kann zwei bis vier Wochen dauern und man kann die Pflänzchen erst vereinzeln, wenn sie die ersten Laubblätter haben. Sobald sie kräftig aussehen, setze ich sie einzeln in 7-cm-Töpfe oder 5-cm-Anzuchtplatten.

In diesem Stadium gieße ich die Jungpflanzen und sorge für einen ersten Wachstumsschub mit einer sehr, sehr stark verdünnten Brennnesseljauche (S. 8). Dafür

Garten-Tipp

Selleriesamen brauchen zum Keimen tagsüber Licht und nachts Dunkelheit. Ich stelle die Schalen ins Gewächshaus (eine helle Fensterbank geht auch) und sorge dafür, dass die Erde nicht austrocknet.

Rechts Ich ziehe die Erde vor dem Aussäen mit einem Stück Holz gerade.

Unten Sellerie wird von unten gewässert. So werden die kleinen Samen nicht weggespült.

Ganz rechts Hat sich die Schale vollgesogen, decke ich sie ab. Wärme und Feuchtigkeit beschleunigen die Keimung.

mische ich einen Teelöffel Brennnesselkonzentrat mit 1 l Wasser und gieße es in den Untersetzer, in dem die Töpfe stehen. Ein höher konzentrierter Dünger würde die Blattbildung zu stark anregen. Bis ich den jungen Sellerie auspflanze, halte ich die Erde in den Töpfen feucht und lasse die Pflanzen ordentlich Sonne tanken.

Pflanzen

Damit die Umstellung an das Leben im Freien nicht zu groß ist, stelle ich die im Gewächshaus aufgewachsenen Pflänzchen ab Mitte April für 14 Tage zum Abhärten (S. 12) ins unbeheizte Frühbeet. Auch in dieser Zeit sorge ich dafür, dass die Pflanzen immer feucht stehen.

Sobald ab Mitte Mai keine Fröste mehr zu erwarten sind, ist es Zeit, den Sellerie an seinen endgültigen Platz im Beet zu pflanzen. Ich setze ihn in Blöcken mit jeweils 20 cm Abstand zwischen den Pflanzen. Wie erwähnt, brauchen sie einen feuchten Boden, daher arbeite ich kurz vor dem Pflanzen etwas Stroh in den Boden ein. Dieses hilft, die Feuchtigkeit im Boden in der Nähe der Pflanzen zu halten. Auch den Sommer über behalte ich den Sellerie immer im Blick und gieße zwei- oder dreimal pro Woche, damit der Boden nie austrocknet.

Unkraut konkurriert mit dem Sellerie um Wasser, daher halte ich die Fläche im Sommer unkrautfrei. Zu dieser Zeit bildet sich die weiße »Knolle« direkt über der Erde. Damit sie schön dick wird, schneide ich jede Woche einmal abgeknickte Blätter vorsichtig am Ansatz ab und der Sellerie bekommt von mir im August noch einmal etwas Brennnesseljauche.

Ernten

Den ersten Sellerie ernte ich Anfang September mit einer Grabegabel. Die restlichen Pflanzen hole ich nach Bedarf aus der Erde, denn bis Anfang Dezember können sie problemlos auf dem Beet bleiben. Sellerie verträgt jedoch keinen Frost. Sind Fröste angesagt, mulche ich um die Knollen mit Stroh (oben können die Pflanzen unbedeckt bleiben). Wenn ich den ersten Sellerie ernte und zuhause im Ofen röste, ist das ein Zeichen, dass die Tage kälter und kürzer werden.

Perfekter Partner: Dill

Ich streue ein paar Dillsamen (S. 116–117) zwischen die Selleriesamen und lasse die Dillpflanzen bis zur Blüte stehen. Der Anisduft ihrer Blätter hält die Selleriefliege vom Sellerie fern. Außerdem locken die gelben Dillblüten nützliche Insekten wie Schwebfliegen an das Beet.

Gegenüber, ganz links Wenn ich den Sellerie Mitte April abhärte, ist der Platz im Frühbeet knapp.

Links Um zu sehen ob der Platz reicht, lege ich den Sellerie vor dem Pflanzen aus.

Unten links Von Schädlingen gemieden, von Bestäubern geliebt: Dill ist perfekt für Biogärtner.

Unten Die Knollen werden schnell dicker, wenn man die unteren Blätter entfernt und regelmäßig gießt.

KÜRBIS

Cucurbita moschata, Cucurbita maxima

Vergesssen Sie die drallen, orangen Halloweenkürbisse, die viele Monate wachsen und dann für eine Nacht ausgehöhlt werden. Die Kürbisfamilie hat wesentlich mehr zu bieten als diese fad schmeckenden Schwergewichte, darunter köstliche Butternutkürbisse sowie viele alte Sorten wie etwa die Bischofsmützen. Dank Social Media sind diese älteren Sorten wieder gefragt und ihre Samen sind leichter erhältlich. Ich baue verschiedene Kürbisse an, solche, die sich gut lagern lassen und gut schmecken. Einige nutze ich außerdem für Kürbis-Chutney (S. 157).

Rekhas Lieblinge

'Baby Boo'
'Butternut Waltham'
'Galeux D'Eysines'
'Queensland Blue'
'Sweet Dumpling'
'Table King'

Planen und aussäen

Kürbispflanzen brauchen Platz – bis zu 3 m –, um ihre langen Triebe auszubreiten, an denen mehrere kriechende Seitentriebe sitzen. Früher habe ich die Pflanzen spiralförmig um Stöcke gezogen, die ich alle 50 cm in den Boden gesteckt hatte. So konnte ich drei Pflanzen auf nur 5 m² unterbringen. Haben Sie nicht genug Fläche zur Verfügung, können Sie die Pflanzen auch in die Höhe wachsen lassen. Leiten Sie den Haupttrieb dafür an etwas Stabilem nach oben, wie einem Dreibein aus Holz oder einer anderen Struktur, die das Gewicht der schweren, reifen Früchte tragen kann. Kürbisse brauchen viel Sonne. Pflanzen Sie sie daher nicht in den Schatten oder Halbschatten. Das größte Verlangen haben diese großen, hungrigen Pflanzen aber nach Nährstoffen und Wasser. Düngen Sie sie daher regelmäßig und lassen Sie sie niemals austrocknen.

Ich ziehe meine Kürbispflanzen im April im Gewächshaus vor. Ich lege zwei der tropfenförmigen Samen doppelt so tief, wie sie dick sind, und mit der Spitze nach unten in 9-cm-Töpfe. Später entferne ich den schwächeren Sämling und topfe ihn für den Pflanzenverkauf. Die Erde habe ich mit einigen Teelöffeln Horn- und Knochenmehl angereichert – ein kleiner Trick, der das Wachstum fördert. Die Zusatznahrung und eine immer feuchte Erde machen die Sämlinge glücklich, sodass ich mich in dieser arbeitsreichen Zeit um meine anderen Aufgaben kümmern kann.

Oben Mitte Mai stelle ich die Kürbis-Jungpflanzen aus dem Gewächshaus ins unbeheizte Frühbeet.

Links Meine Allzweckwaffe gegen Schnecken sind Bierfallen. Füllen Sie sie regelmäßig auf; die Schnecken fallen hinein.

Pflanzen

Kürbispflanzen können nach den letzten Frösten Ende Mai ins Freiland gesetzt werden. Während des Abhärtens (S. 12) ab Anfang Mai bereite ich den Boden vor. Zuerst arbeite ich die Gründüngung (S. 8) ein, die auf der für die Kürbisse reservierten Fläche gewachsen ist, danach drei oder vier Schaufeln Mist und Stroh.

Zwischen den Pflanzen lasse ich mindestens 1,50 m Platz. So können sie sich schön ausbreiten. Nach der Pflanzung bekommen sie einen kräftigen Guss Wasser, anschließend stelle ich eine Bierfalle (S. 10) auf, damit die Schnecken die jungen zarten Blätter nicht fressen. Bei so guten Startbedingungen wachsen die Pflanzen schnell.

Regelmäßige Pflege

Halten Sie die Erde um die Jungpflanzen feucht und gießen Sie in warmen Phasen täglich. Bis die Pflanzen borstig und stachelig werden, fülle ich außerdem die Bierfalle immer neu auf. Beides schützt vor Schneckenangriffen.

Ist Anfang August der Haupttrieb etwa 2 m lang und die Pflanze hat zwei oder drei Früchte gebildet, schneide ich die Triebspitzen ab. Das bringt die Pflanze dazu, Seitentriebe zu bilden, an denen weitere, kleinere Früchte hängen können. Ich baue jedes Jahr Kürbisse an. Aber ich staune jedes Mal, wenn ich die dicken Früchte unter den großen Blättern entdecke.

Ernten

Neigt sich der Sommer seinem Ende zu, stirbt das Laub der Kürbispflanzen ab und enthüllt die schönen, reifen Früchte. Jeden September halte ich inne, um die perfekte, kurvenreiche Ernte zu bewundern, die in den letzten fünf Monaten gereift ist. Da der September sonnig, aber auch regenreich sein kann, schütze ich die Früchte vor Wasserpfützen und Matsch, indem ich sie auf alte Dachziegel lege.

Vor den ersten Frösten im Oktober ist Erntezeit. Mit einer alten Gartenschere schneide ich die Früchte vorsichtig mitsamt einem Stück Stiel ab und bringe sie ins Gewächshaus.

Wenn die Kürbisse nach einigen Tagen abgereift (vollständig getrocknet) sind, lagere ich sie zuhause kühl und trocken auf einem Regal. Kürbisse halten fast den ganzen Winter über. Kontrollieren Sie sie aber regelmäßig. Entdecken Sie verdorbene Stellen, schneiden Sie diese heraus, schälen und zerkleinern Sie den Kürbis und frieren ihn dann ein.

Oben rechts Ende Juli wird ‘Sweet Dumpling’ unter den Blättern größer.

Ganz rechts Ich entferne das Laub über dem ‘Galeux D’Eysines’, damit er besser reift.

Unten Kürbis wird geerntet, wenn die Schale eine kräftige Farbe hat und die Stiele eintrocknen.

Küchen-Tipp

Mein liebstes Kürbisrezept ist ein Chutney aus angebratenen Kürbisstücken mit Kreuzkümmel- und Koriandersamen, Zimt, gehackten Zwiebeln, braunem Zucker, Sultaninen, Essig und frischem Orangensaft. Alles köcheln lassen, bis die Masse eingedickt ist!

RÜBE

Brassica rapa* var. *rapifera

Ich kann mich nicht daran erinnern, als Kind Rüben gegessen zu haben, aber ich hatte ein Kinderbuch: *»Die Riesen-Rübe« (The Enormous Turnip)*. Als wir dann nach Großbritannien zogen, staunte ich über die Rüben an den Gemüseständen. Sie waren oben violett und unten weiß und wirkten sehr klein – nur tennisballgroß. Trotzdem weckten sie Erinnerungen an die Riesenrübe.

Das war vor etwa 40 Jahren. Damals beflügelten Rüben zwar meine Fantasie, aber der Geschmack interessierte mich nicht. Erst als ich meine Parzelle übernahm und etwas älter und hoffentlich etwas klüger war, wollte ich selbst Rüben anbauen. Heute liebe ich den würzigen Geschmack der jungen Blätter (Rüben gehören zu den Kohlgemüsen) und nachdem ich Rüben gekocht und gegessen hatte, wurde mir klar, was ich früher verpasst hatte.

Rekhas Lieblinge

'Milan White'
'Purple Top Milan'
'Golden Ball'

Aussäen und Schädlinge bekämpfen

Um meinen Rüben einen Vorsprung zu verschaffen, säe ich frühe Sorten im März in Anzuchtplatten im Haus aus. Im

April bin ich mutig genug, dieselbe Sorte an Ort und Stelle in flachen Rillen ins Beet zu säen.

Als ich das erste Mal Rüben aussäte – im Freiland, an einem sonnigen Apriltag –, hüpfte mein Herz vor Freude. Schon bald merkte ich aber, dass hier noch etwas hüpfte und kleine Löcher in die Blätter fraß: Erdflöhe. Diese winzigen Insekten schwächten die Pflanzen und ich konnte die jungen Blätter von 'Milan White' nicht für Salate ernten. Bei der Rübenernte wurde der Schaden erneut bemerkbar: Sie waren winzig. Was für eine Enttäuschung!

Im folgenden Jahr erfuhr ich, dass der Schädling im Komposthaufen überwintert. Also arbeitete ich den Kompost schon drei Wochen vor der Aussaat in die Fläche

Garten-Tipp

Das Abdecken der Rübenbeete mit Netzen kann Erdflöhe davon abhalten an den jungen Blättern zu fressen. Man kann die Pflanzen auch mit Urgesteinsmehl bestäuben. Dieses sichere und wirksame natürliche Pflanzenschutzmittel trocknet die Tiere aus. Nach Regen muss es erneut ausgebracht werden. Ältere Blätter werden meiner Erfahrung nach nicht befallen.

Links Für Babyrüben werden die Samen im Vorfrühling im Zimmer in Töpfe gesät.

Unten Ich nutze als »Zerstäuber« für Urgesteinsmehl (s. Garten-Tipp) eine Plastikflasche, in deren Deckel ich Löcher gestochen haben.

Oben Durch das Ausdünnen bekommen direkt gesäte Rüben Platz, um dicker zu werden.

Gegenüber rechts und unten Zum Winterbeginn ernte ich die letzten Rüben. Ich schneide Blätter und Stiele ab und lagere die Rüben ein.

ein, wo die Rüben bald wachsen würden. Dies störte die Erdflöhe tatsächlich und sie flohen (entschuldigen Sie den Wortwitz), um woanders Nahrung zu suchen. Ich nutze aber noch andere Techniken, um meine Rüben vor Schädlingen zu schützen (s. Garten-Tipp S. 159).

Ausdünnen und weitere Aussaaten

Wenn die Pflänzchen einige Wochen nach der Aussaat kräftiger geworden sind, dünne ich sie auf 10 cm Abstand aus. Etwa zur selben Zeit säe ich die nächste kurze Reihe, denn Rüben wachsen recht schnell und man kann sie den Sommer hindurch immer wieder aussäen. Von Mitte Mai bis August säe ich 'Purple Top Milan', eine alte, mild schmeckende Sorte mit flachen Rüben. Anschließend folgt die letzte Aussaat der späten Sorten wie 'Golden Ball', die im Herbst und Winter geerntet werden. Ihre köstliche Süße wird durch die Kälte noch intensiver.

Ernten

Ich könnte die Rüben so riesig werden lassen, wie sie in meinem Bilderbuch waren. Sie wären dann aber holzig und würden wie Pappe schmecken. Am besten erntet man sie etwa sechs Wochen nach der Aussaat, wenn die Rüben etwa so groß wie ein Golfball, aber noch nicht so groß wie ein Tennisball sind. Grabegabel oder Handschaufel braucht man für die Ernte nicht: Man greift die Pflanzen an den Blättern und zieht sie vorsichtig aus dem Boden.

Rüben, die im Haus vorgezogen und Ende März ins Freiland gepflanzt wurden, können ab Mitte April geerntet werden. Danach können Sie so lange Rüben ernten, wie Sie ausgesät haben. In milden Wintern konnte ich manchmal im Dezember noch ernten.

Wie Bete lassen sich auch Rüben gut den Winter über lagern. Dafür müssen sie nicht einzeln auf Regale in einem dunklen Schuppen gelegt werden. Man kann sie zusammen in mit Sand gefüllten Holzkisten lagern. Die einzelnen Rüben sollten sich aber nicht berühren.

Küchen-Tipp

Ich verwende halbierte Rüben als Kartoffelersatz in dem würzigen Spinat-Curry »Saag Aloo«. Zu angebratenen Zwiebeln, geriebenem Knoblauch und Ingwer gebe ich grob gehackten Spinat und grüne Rübenstiele sowie wärmenden Kurkuma, Koriander und Kreuzkümmel. Anschließend lasse ich alles mit etwas Tomaten-Passata, den geschnittenen Rüben und Wasser köcheln. Dazu serviere ich Reis und Zitronenspalten.

WINTER

Im Kleingarten scheint es nun ruhig und still, aber es gibt immer noch etwas zu tun. Auf einem Viertel der Fläche wächst Wintergemüse, das mich gut durch diese unwirtliche Jahreszeit bringt.

GRÜNKOHL

Brassica oleracea var. *acephala*

Ich baue viele Kohlarten an: Weißkohl, Rosenkohl und Sprossenbrokkoli gehören zu dieser Gattung. Müsste ich mich auf eine Art beschränken, wäre es aber Grünkohl. Das anspruchslose Gemüse steht mehr als zehn Monate auf meiner Parzelle und übersteht alles, was das Wetter zu bieten hat; selbst nasse Böden im Winter. Was kann man an Grünkohl nicht lieben? Ich habe verschiedene Sorten angebaut, von 'Roter Krauser' mit grob gefiederten Blättern bis zu 'Dazzling Blue' mit blau-grünem, gewelltem Laub. Die besten Noten für Geschmack gehen jedoch an den dunkellaubigen Palmkohl 'Nero di Toscana'.

Rekhas Lieblinge

'Dazzling Blue'
'Nero di Toscana'
'Roter Krauser'

Aussäen und vereinzeln

Sobald es nach den ersten Aussaaten Ende April etwas ruhiger wird und im Frühbeet Platz frei ist, säe ich zehn Samen 2 cm tief in eine Anzuchtschale. Ich könnte sie auch draußen aussäen, aber die Schnecken sowie die Raupen der Kohlweißlinge (S. 30) würden die jungen Blätter ver-

Oben links *Phacelia* als Gründüngung schützt den Boden den Winter über. Das Einarbeiten in den Boden verbessert seine Struktur und reichert ihn mit Nährstoffen an.

Oben Haben die Pflanzen ein kräftiges Wurzelsystem, reicht ein kurzes Drücken, um sie aus dem Topf zu lösen.

schlingen. Im nach Norden ausgerichteten ungeheizten Frühbeet sind die keimenden Pflänzchen nicht nur vor Schädlingen, sondern auch vor der größten Kälte geschützt und haben genug Zeit, kräftig zu werden.

Nach drei Wochen vereinzele ich die Sämlinge in 7-cm-Töpfe, die ich ins Frühbeet stelle. Bevor ich den Deckel schließe, lege ich ein Netz darüber. So kann ich lüften, wenn es wärmer wird, ohne dass Schädlinge hineingelangen.

Vorbereiten und pflanzen

Sobald ich Ende April gesät habe, bereite ich die Kohlbeete vor. Ich arbeite die Gründüngung, die ich im September (s. oben) eingesät hatte, in den Boden ein. Sie wird zersetzt und reichert den Boden mit Nährstoffen an. Außerdem arbeite ich einen Eimer eigenen Kompost ein. Er sorgt auch dafür, dass der Boden Wasser besser speichern kann.

Mitte Mai ist der Boden bereitet, der Himmel (hoffentlich) blau und meine Kohlpflanzen können mit 40 cm

Abstand gepflanzt werden. Ausgewachsen sind die Pflanzen bis zu 1 m hoch, daher empfehle ich, die Jungpflanzen 15 cm tief zu pflanzen. Auch wenn der Winter jetzt noch fern ist, werden die Wurzeln sich so gut verankern und die Pflanzen Sturm oder das Gewicht von Schnee gut überstehen. Wie bei spätem Kohl und Rosenkohl drücke ich die Pflanzen gut an, gieße sie und stelle eine Bierfalle (S. 10) auf. Zuletzt verstecke ich die Pflanzen unter einem Netztunnel, also einem Folientunnelgestell mit Netz- statt Folienabdeckung. Wärme brauchen die Pflanzen im Mai nicht, aber das Netz, das ich an den Seiten fest verschließe, verhindert, dass Kohlweißlinge ihre Eier auf meine jungen Kohlpflanzen legen.

Regelmäßige Pflege

Meine Kohlpflanzen wachsen im warmen, wasserspeichernden Boden schnell und schon bald tausche ich den Tunnel gegen 1,50 m hohe Bambusstäbe aus, auf die ich Plastikflaschen stülpe und anschließend ein Netz darüber lege. Dabei beobachten mich die Tauben aus der Nachbarschaft. Sie lieben Kohlpflanzen und sitzen auf einer Eiche in der Nähe, in der Hoffnung, dass ich vergesse, die Pflanzen abzudecken. Offensichtlich kennen sie mich nicht. Ich vergesse es nie!

Zum Sommerende zahlt sich das Vorbereiten des Bodens aus, denn die Pflanzen bilden üppig grüne Blätter. Im September sind die Pflanzen so hoch, dass sie gestützt werden müssen. Damit sie stehenbleiben und nicht durch Wind umknicken, binde ich die Haupttriebe an 90 cm lange Bambusstäbe. Die Netze öffne ich nur zum Jäten und Gießen und wenn ich eine 5 cm dicke Mulchschicht um die Pflanzen verteile. Sie verbessert den Boden zusätzlich und hält Feuchtigkeit und Wärme in der Erde.

Ernten

Ab August werfe ich ein Auge auf die zerknautschten »Pflück mich«-Blätter und – da in meinem Fall Widerstand zwecklos ist – pflücke meist schon vor der eigentlichen Erntezeit ein paar Stiele. Palmkohl sollte immer von unten her geerntet werden. Dort sitzen die größten Blätter. Kleinere Sorten wie 'Red Ruble' können nach Bedarf geerntet werden.

Während ich dies schreibe, fällt mir auf, dass ich nie Grünkohl über den Winter gelagert habe. Ich ernte ihn immer frisch. Bei frostharten Sorten oder durch eine Schneeschicht geschützten Pflanzen richten sich die Blätter immer wieder auf. Und sofern Sie nie zu viele Blätter auf einmal pflücken, können Sie bis Ende März ernten.

Oben Erntet man öfter kleine Mengen, bildet Palmkohl auch im Winter noch frische Blätter.

Links Palmkohl bildet oben fortwährend neues Laub. Ich schneide ihn daher von unten mit einer scharfen Schere.

Küchen-Tipp

Palmkohl versorgt mich im tiefsten Winter zuverlässig mit frischem Grün. Ich verwende die Blätter ganz unterschiedlich, in Lasagne, Currygerichten oder als Spinatersatz in knusprigen Zwiebel-Bhajiyas.

WIRSING

Brassica oleracea* var. *capitata

Meiner Meinung nach ist ein winterlicher Gemüsegarten ohne prächtige Wirsingköpfe, die stolz dem unwirtlichen Wetter trotzen, nicht vollständig. Ich liebe sowohl die dunkelgrünen äußeren Blätter als auch das blassere, stärker gekräuselte Herz. Brauche ich keinen ganzen Kopf, ernte ich nur einige der äußeren Blätter von ein oder zwei Pflanzen – eine Art zu ernten, mit der man sich selbst mit einer kurzen Reihe lange versorgen kann. Im Vergleich zum kleineren und weicheren Spitzkohl mag Wirsing etwas gummiartig wirken, aber der Zucker, der sich durch Frost in den Köpfen bildet, hebt ihn auf ein neues Geschmacksniveau.

Aussäen und vereinzeln

Ich gehe die Aussaat von Wirsing ruhig an und beginne erst nach dem geschäftigen Frühjahr. Im März und April bin ich mit dem Aussäen, Vereinzeln oder Pflanzen der Sommergemüse beschäftigt. Erst wenn Anfang Mai das Gewächshaus und das unbeheizte Frühbeet leergeräumt sind und ich beim Jäten, Düngen und Gießen eine

Rekhas Lieblinge

'January King'
'Alaska'
'Vertus'

Oben links Wirsingköpfe sind im Gegensatz zu Spitzkohl (S. 28–31) groß und locker.

Oben Im Mai ist es im Gewächshaus zu warm und feucht für die Wirsingpflanzen. Das nach Norden ausgerichtete Frühbeet ist ideal.

Pause einlegen kann, ist der Wirsing dran. Ich habe kein bestimmtes Datum und säe höchstens zehn Samen 2 cm tief in eine Schale mit Erde. Nachdem ich diese in Wasser gestellt habe und die Erde sich vollsaugen konnte, stelle ich sie in mein nach Norden ausgerichtetes Frühbeet. Sie können die Schale aber auch auf einer schattigen Fensterbank platzieren.

Die Keimung dauert nicht lange und nach wenigen Wochen setze ich die Sämlinge einzeln in 9-cm-Töpfe und stelle sie wieder in das Frühbeet. Leider zieht Wirsing, wie alle anderen Kohlpflanzen auch, Schnecken magisch an. Das Erste was ich mache, wenn ich in den Garten komme, ist daher, das Frühbeet zu öffnen und nach Fraßschäden durch Schnecken Ausschau zu halten. Letztes Jahr habe ich herausgefunden, dass Schnecken Kalk verabscheuen. Da ich diese biologisch Art der Schädlingsabwehr unbedingt ausprobieren wollte, kaufte ich einen Sack und streute das Pulver entlang der Ränder des Frühbeetes aus. Es funktionierte, aber nachdem es geregnet hatte, musste ich neuen Kalk ausbringen.

Pflanzen

Wenn Mitte Juni der Spätfrühling dem Frühsommer weicht und Blumen Farbe in den Garten bringen, haben die Wirsing-Jungpflanzen schon fünf bis sechs leuchtend grüne Laubblätter entwickelt. Jetzt ist es Zeit, sie ins Beet zu setzen, wo die Wurzeln sich in der Erde ungehindert

Garten-Tipp

Wenn ich Wirsing gepflanzt habe, kneife ich in ein Blatt und ziehe vorsichtig daran. Reißt ein kleines Stück ab, weiß ich, dass er fest im Boden sitzt. Löst sich die Pflanze, muss ich die Erde um die Wurzeln besser andrücken.

ausbreiten können. Meiner Erfahrung nach ist ein ruhiger Morgen im Juni, kurz nachdem der Tau verdunstet ist, die beste Zeit. Die Erde ist warm und einladend und ich kann sicher sein, dass der Boden so feucht ist, dass die Wurzeln gut einwachsen können. Ich setze die Wirsingpflanzen in einem Abstand von 30 cm und drücke die Erde mit meinen Füßen an. So wackeln die Pflanzen später nicht, wenn es im Herbst sehr windig ist. Anschließend gieße ich sie.

Leider spüren die Schnecken den jungen Wirsing schnell auf. Deshalb stelle ich nach dem Gießen eine Bierfalle (S. 10) in der Nähe auf. Um Tauben und Kohlweißlinge fernzuhalten, decke ich die Pflanzen anschließend mit einem Netz (S. 168) ab.

Regelmäßige Pflege

Es ist wichtig, dass die Erde um die Wirsingpflanzen nie austrocknet. Sie würden sonst Stress bekommen und schießen (in Blüte gehen), bevor sie einen Kopf gebildet haben. In heißen Sommern gieße ich die jungen Pflanzen daher jeden zweiten Tag. Während die Pflanzen im Sommer einwachsen, dünge ich sie mit meiner nahrhaften Brennnesseljauche (S. 8). Diese riecht ehrlich gesagt ziemlich übel, versorgt die Pflanzen aber mit ordentlich Stickstoff, der für die Blattbildung wichtig ist. Außerdem kontrolliere ich die Pflanzen wöchentlich auf Schnecken und fülle bei Bedarf die Bierfallen auf. Am wichtigsten ist jedoch, dass das Netz dicht bleibt. Es hält Kohlweißlinge fern, die im Hochsommer liebend gern ihre Eier auf meinen Pflanzen ablegen wollen. Manchmal beobachte ich, wie sie mit dem Netz zusammenstoßen. Sie halten mich jetzt vielleicht für grausam. Aber ich möchte den Wirsing essen. Die Falter sollen ihre Eier auf den Meerrettichblättern ablegen!

Ernten

Sobald meine Pflanzen Nachtfrost abbekommen haben und noch besser schmecken, ernte ich einzelne Blätter nach Bedarf. Einen ganzen Kopf schneide ich nur, wenn die ganze Familie zum Essen da ist oder Freunde kommen. Besonders winterfeste Sorten wie 'Vertus' vertragen tiefen Frost und sorgen den ganzen Winter über für vitaminreiches Grün.

Oben links Nach dem Pflanzen dauert es mindestens sechs Monate, bis der Wirsing geerntet werden kann.

Rechts Ernte ich einen ganzen Wirsingkopf, entferne ich beschädigte Blätter sofort und gebe sie auf den Komposthaufen.

PORREE

Allium porrum

Müsste ich Porree in einem Satz beschreiben, hieße er: »Hart im Nehmen.« Dieses Gemüse bleibt fast ein Jahr in der Erde und ist ein guter Grund, im Winter das warme Haus zu verlassen und in den Garten zu gehen. Ich steche meine Grabegabel in den harten, kalten Boden, ziehe eine der langen, immergrünen Stangen vorsichtig heraus und rieche den typischen Geruch in der kalten Luft. Porree ist das Familienmitglied der Zwiebelgewächse, das am leichtesten anzubauen ist, und schmeckt frisch geerntet am besten. Auf dem Heimweg denke ich nur noch an die würzige, warme Suppe, die ich meiner Familie kochen werde.

Rekhas Lieblinge

'Blaugrüner Herbst'
'Bleu de Solaise'
'Musselburgh'

Aussäen

Wegen des – wirklich miesen – Wetters Mitte Februar ziehe ich Porree zuhause vor. Ich säe je eine Prise Samen (etwa 20) in zwei kleine, flache Töpfe mit angedrückter Erde und bedecke sie mit einer 1 cm dicken Schicht gesiebter Erde. Anschließend stelle ich die Töpfe so lange in Wasser, bis die Erde vollständig feucht ist, und dann auf eine Heiz-

matte, um die Keimung anzuregen. Ich habe Porree immer auf diese Weise ausgesät, denn die Jungpflanzen werden nicht vor Ende Mai ausgepflanzt und in den Töpfen haben sie reichlich Platz, gut zu wachsen.

Es dauert etwa zehn Tage, bis die ersten Samen keimen und wie die Yogahaltung der Herabschauende Hund aussehen (s. rechts). Das ist der Zeitpunkt, sie von der Heizmatte weg und ins unbeheizte Gewächshaus zu stellen. Weil ich so locker ausgesät habe, müssen die Sämlinge nicht ausgedünnt werden und ich gieße nur, wenn die Erde trocken ist. Ich gieße weiterhin von unten und lasse überschüssiges Wasser ablaufen. Porree verabscheut es, in einer Pfütze zu stehen.

Anfang März stelle ich die Sämlinge erneut um, dieses Mal ins unbeheizte Frühbeet, wo sie Zwiebeln und Schalotten Gesellschaft leisten. Das ist die nächste Phase der Abhärtung, bevor die Jungpflanzen endgültig ins Freie gepflanzt werden. Im April fülle ich die bis dahin erschöpften Nährstoffvorräte in der Erde mit einem stickstoffbetonten Dünger auf. Dabei mische ich einen Teil Flüssigdünger auf zehn Teile Wasser.

Oben Die Keimlinge sind lang, dünn und gebogen – als würden sie Yoga machen.

Unten Wenn sie sich nicht von selber löst, entferne ich die Samenhülle vorsichtig von den Spitzen der Sämlinge.

Oben, ganz links Ich nehme die Pflanzen aus dem Topf und ziehe sie vorsichtig auseinander.

Oben links Durch das Einkürzen der Wurzeln auf 2,5 cm sitzen die Pflanzen in der richtigen Tiefe in der Erde.

Oben Mitte Dank der Schnur wird die Reihe mit den Pflanzlöchern gerade.

Oben rechts Durch das Gießen verteilt sich die Erde locker um die Porreepflanzen und sie haben Platz zu wachsen.

Pflanzen

Ende Mai sind die Porreesämlinge 15–20 cm hoch und die Triebe werden dicker und fester. Sie sind bereit fürs Pflanzen. Erst muss aber die Anbaufläche vorbereitet werden. Das ist genauso wichtig wie die Aussaat- und Wuchsphase und ich hetze mich dabei nicht. Als Erstes mache ich die Erde mit dem Rechen feinkrümelig. Dann bringe ich Horn- und Knochenmehl aus und harke erneut. Hat es am Abend vor dem Pflanzen nicht geregnet, gieße ich die Fläche.

Mit meinem Pflanzholz drücke ich im Abstand von 20 cm 15 cm tiefe Löcher ins Beet. Ich pflanze den Porree in Reihen, zwischen denen ich 40 cm Platz lasse. So kann die Luft besser zwischen den Pflanzen zirkulieren. Um das Pflanzen zu erleichtern, schneide ich mit der Schere einen Teil der Wurzeln ab. Die Pflänzchen passen dann besser in die Pflanzlöcher. Zuschütten muss ich sie nicht, beim Gießen wird die Erde von selbst hineingespült. Nach dem Pflanzen gieße ich den Porree bei Trockenheit und häufele ihn vorsichtig an. Wo sie kein Licht bekommen, werden die Stangen weiß und zart.

Regelmäßige Pflege und Schädlingsbekämpfung

Porree ist wie die anderen Zwiebelgewächse anfällig für die Lauchminierfliege, die ihre Eier in der Nähe der Pflanzen ablegt. Aus den Eiern schlüpfen kleine Larven, die sich Schicht für Schicht in die Porreestangen fressen. Sie bringen den Porree zwar nicht um, aber er wird geschwächt und die Stangen sehen unappetitlich aus. Durch das Abdecken mit dünnem Vlies oder feinen Netzen kann man die Schädlinge fernhalten. Man kann zur Abschreckung aber auch Stroh um die Pflanzen legen.

Ernten

Porree kann man ab Oktober ernten. Er kann aber auch im Beet bleiben, bis man ihn braucht. Ich baue etwa 20 Stangen an und ernte jeweils nur einige wenige, damit ich den ganzen Winter über versorgt bin. Stehen im Frühling immer noch Stangen im Beet, bilden sie Blüten, die bestäubende Insekten anziehen. Aus den Blüten reifen Samen, die man sammeln, lagern und im nächsten Jahr aussäen kann.

Perfekter Partner: Ringelblume

Nach dem Pflanzen im Mai säe ich einige Ringelblumen um den Porree. Sie verschönern mit ihren orangen Blüten nicht nur das Beet, sondern halten mit ihrem Duft auch Fliegen, darunter die Lauchminierfliege, fern. Die mögen den stechenden Geruch der Ringelblumen nämlich nicht.

Oben Ringelblumen neben Porreepflanzen schrecken Schädlinge ab und locken Bestäuber an.

Unten Diese frisch geernteten Porreestangen gehören zu den Sorten 'Lancelot' und 'Musselburgh'.

Küchen-Tipp

Vor allem in den kalten Monaten liebe ich es, Porree als Ersatz für Zwiebeln zu verwenden. Eine herzhafte Porree-Kartoffel-Suppe mit Grünkohlstreifen und Chorizostücken gehört in unserem Haus zu den Winterlieblingen.

ROSENKOHL

Brassica oleracea var. *gemmifera*

An meinem ersten Weihnachten in England servierte ich Rosenkohl. Wow! Ich kannte vorher kein Gemüse, an dem sich die Geister so scheiden. Aber ich verstehe die Bedenken mancher Menschen: Damals wurde Rosenkohl meistens so verkocht, dass kaum noch Leben darin war, und wenn man diesen Geruch einmal in der Nase hatte, vergisst man ihn nie. Man könnte meinen, das wäre abschreckend genug, aber Rosenkohl gehört immer noch zum Weihnachtsessen.

Moderne Rosenkohlsorten schmecken glücklicherweise mild und müssen auch zu Tode gekocht werden. Was mich aber vor allem überzeugte, war eigenen Rosenkohl anzubauen. Der Geschmack ist wunderbar – vor allem nach etwas Frost. Mittlerweile habe ich köstliche Gerichte entwickelt, in denen frischer Rosenkohl eine Hauptrolle spielt.

Rekhas Lieblinge

'Evesham Special'

'Kalette' (Kreuzung aus Rosenkohl und Grünkohl)

'Seven Hills'

Aussäen und topfen

Meiner Meinung nach reichen zwei Rosenkohlpflanzen, um meine Familie zu versorgen. Es lohnt also nicht, 20 vorzu-

ziehen und dabei Samen, Erde und Aussaatschalen zu verschwenden. Anfang April säe ich zwei bis drei Samen pro Topf 2 cm tief in eine Reihe von 4-cm-Aussaatplatten. In der Frühlingswärme im Gewächshaus keimen die Samen innerhalb weniger Tage und wachsen sehr schnell. Nach sieben bis zehn Tagen setze ich die schwächeren Sämlinge in eigene Töpfe und ziehe sie weiter, um sie für den Pflanzenverkauf in unserem Kleingartenverein zu spenden oder Freunden zu schenken. Die stärksten behalte ich.

Heizt sich das Gewächshaus im Mai weiter auf, stelle ich die Sämlinge in mein kühleres, nach Norden ausgerichtetes Frühbeet. Sobald die Erde in den Töpfen durchwurzelt ist, drücke ich die Töpfe am Boden vorsichtig zusammen, sodass der Wurzelballen sich löst. Anschließend setze ich jede Rosenkohlpflanze in einen etwas größeren 9-cm-Topf, gieße sie an und stelle sie wieder ins Frühbeet.

Boden vorbereiten und Pflanzen

Nach dem Aussäen Ende April arbeite ich die Gründüngungspflanzen (S. 8), die den Winter über auf dem Beet standen, in den Boden ein und bringe anschließend einen Eimer Kompost aus. Wenn ich nach etwa sechs Wochen den Rosenkohl pflanzen kann, hat sich das organische Material zersetzt. Diese Vorbereitung mag etwas aufwendig erscheinen, aber im Laufe der Jahre habe ich begriffen, dass Rosenkohlpflanzen sehr hungrig und durstig sind

Garten-Tipp

Ich setze die Jungpflanzen bis zum ersten Laubblatt in das Pflanzloch und drücke die Erde mit der Faust an. So haben die Pflanzen guten Halt, wenn es in Herbst und Winter windig ist und sie durch die Röschen schwer geworden sind.

Oben links Beim Vereinzeln halte ich die Sämlinge an den Blättern. Sie sind nicht so empfindlich wie der Stängel.

Oben rechts Damit ich die Pflanzen nicht aus Versehen umstoße und verletze, lege ich die Töpfe auf die Seite.

Oben Ab dem Frühherbst bilden sich in den Blattachseln die Röschen.

Rechts Ernten Sie immer nur so viele Röschen, wie Sie brauchen. An der Pflanze bleiben sie frischer.

und dass sie durch diese Extraportion Nährstoffe kräftig und gesund wachsen.

Ende Mai sind meine Jungpflanzen sechs bis sieben Wochen alt und kräftige Exemplare mit fünf bis sechs Laubblättern. Am Tag vor dem Pflanzen bekommen sie einen ordentlichen Guss Wasser und ich wässere auch die Pflanzfläche. Ich pflanze den Rosenkohl am nächsten Morgen, wenn es noch kühl ist und die Pflanzen schön prall sind. Ich setze sie etwas dichter, als auf den Samentüten empfohlen wird – mit 40 cm Abstand zwischen den Pflanzen und etwa 15 cm tief.

Regelmäßige Pflege

Sobald der Rosenkohl in der Erde und angegossen ist, schwärmen die Kohlweißlinge aus, um auf den Blättern ihre Eier abzulegen. Wie bei Grünkohl (S. 166–169) decke ich die Pflanzen mit einem Netz ab, das ich rundherum verschließe. Alle 14 Tage nehme ich es ab und kontrolliere die Blattunterseiten. Finde ich Eier, zerdrücke ich sie.

In der wichtigen Wachstumsphase von Mitte Mai bis zum Spätsommer lasse ich die Erde um die Pflanzen nie austrocknen. Ende September wird diese Mühe belohnt. Überall, wo ein Blatt am Haupttrieb sitzt, bildet sich ein Röschen. Jetzt ist es Zeit, Stäbe in die Erde zu stecken und die Pflanzen daran festzubinden, damit sie bei Wind nicht abbrechen. Vögel, allen voran Tauben, lieben die Röschen, weshalb ich das Netz auf den Pflanzen lasse.

Ernten

Ich könnte ab Oktober Rosenkohl ernten. Meist widerstehe ich aber der Versuchung und warte bis nach den ersten Nachtfrösten. Durch die Kälte wird Zucker gebildet und die Röschen schmecken milder. Ja – milder! Vertrauen Sie mir, frisch geernteter Rosenkohl aus dem eigenen Garten schmeckt wesentlich besser als der, den Sie kaufen können. In einer Zeit, zu der sonst nicht viel wächst, liefern diese Pflanzen bis Ende Dezember Ertrag.

Garten-Tipp

Haben Sie keine Gründünung in den Boden eingearbeitet, empfehle ich, je einen Eimer Stroh und Kompost zu mischen und vor dem Pflanzen auszubringen. Durch das Stroh wird Wasser besser gespeichert und ist für die Wurzeln verfügbar.

PASTINAKE

Pastinaca sativa

Erst als ich erfolgreich Pastinaken angebaut habe, begann ich mich als »Gärtnerin« zu bezeichnen. Nach drei Jahren mit schlechter Keimung und karger Ernte verfolgte ich eine neue Aussaatstratgie und arbeitete Gründüngung (S. 8) auf die Fläche für Pastinaken ein. Beides verbesserte und lockerte den schweren Lehmboden in meinem Garten. Es half! Als ich im Winter die langen, spitz zulaufenden Wurzeln vorsichtig aus dem Boden holte, entwich mir ein lautes »Ja!«. Seitdem baue ich jedes Jahr Pastinaken an. Wir lieben den Geschmack, vor allem von der alten Sorte 'Hollow Crown', und den Duft, der beim Kochen der Wurzeln durch die Küche zieht.

Pastinaken sind zweijährige Pflanzen. Im ersten Jahr wachsen sie, im zweiten blühen sie und sterben ab. Daher lasse ich bei der Ernte einige Wurzeln im Boden. Im nächsten Hochsommer locken ihre eindrucksvollen, gelben Blütenstände nützliche, bestäubende Insekten in den Garten. Ich sammle die Samen, sobald sie hellbraun und reif sind, für die Aussaat im nächsten Frühjahr.

Rekhas Lieblinge

'Gladiator'
'Hollow Crown'
'Tender and True'

Aussäen und ausdünnen

Pastinaken müssen nicht verwöhnt werden, brauchen aber etwas Aufmerksamkeit. Um den Grund für meine Misserfolge zu finden, fragte ich mich: »Wie haben Gärtner früher Pastinaken angebaut? Betrieben sie auch so einen Aufwand wie wir heute? Natürlich nicht. Sie waren praktisch veranlagt!« Schon bald fand ich die Lösung: Direkt säen, sobald der Boden aufgewärmt ist!

Die Aussaatzeit hängt davon ab, in welcher Region Sie leben. Mein Garten liegt am Rand von London und ich kann Mitte bis Ende März aussäen. Da ich zu dieser Zeit aber sehr beschäftigt bin, warte ich bis April. Die Gründüngung ist dann eingearbeitet und zersetzt, der Boden aufgewärmt und ich habe Steine und Erdklumpen mit dem Rechen entfernt. Das ist die einzige Phase, in der ich mich so intensiv um dieses Gemüse kümmere.

An einem ruhigen Apriltag ziehe ich mit meinem Hori-Hori-Messer Rillen in die Fläche, die ich tags zuvor gewässert habe. In der feuchten Erde »haften« die papierdünnen Samen besser. Ich lege alle 5 cm zwei bis drei Samen, bedecke sie mit Erde, die ich dann mit der Rückseite meines Messers andrücke. Ich gieße anschließend mit einer Kanne mit feiner Brause, um die Samen nicht wegzuspülen.

Nach drei Wochen erscheinen die Keimlinge und ich kniee zu ihnen nieder. Nein, nicht um zu beten, sondern um sie vorsichtig auf 5 cm Abstand auszudünnen! Wenn die übrig gebliebenen Sämlinge Ende Mai zu groß werden, dünne ich ein zweites Mal aus, diesmal auf einen Abstand

Ganz oben Die gelben Doldenblüten der Pastinaken ziehen nützliche Insekten an und liefern Saatgut.

Oben Ich warte mit der Saatguternte, bis die Samenstände getrocknet sind.

Links Das Säen in gleichmäßigen Abständen, wie ich es hier mit den Pastinaken mache, wird »Reihensaat« genannt.

Oben Nach einer guten Bodenvorbereitung geht das Ausdünnen ganz einfach. In dieser Reihe wurden die Pastinaken schon ausgedünnt.

Garten-Tipp

Haben Sie keine Gründüngung ausgesät, empfehle ich, die Pastinaken auf die Beete zu säen, wo vorher Kartoffeln standen und auf die Sie Mist oder Kompost ausgebracht haben. Im Boden sind dann genug Nährstoffe für die Pastinaken vorhanden. Die Kartoffelwurzeln haben zudem den Boden gelockert und die weiche, krümelige Struktur ist perfekt für Pastinaken.

von 10 cm. In dieser Phase kann ich bei den herausgezogenen Pastinakenpflänzchen sehen, wie ihre Pfahlwurzel (also das, was wir essen) durch die weiche Erde gedrungen und erstaunlich lang geworden ist. Jetzt bin ich zuversichtlich, dass die Ernte gut wird.

Regelmäßige Pflege

Sobald die Pastinaken eingewachsen sind, sind sie pflegeleicht. Sofern sie vollsonnig stehen, bei sehr trockenem Boden gegossen werden und unkrautfrei gehalten werden, wachsen sie den Sommer über weiter und bilden dichte Bestände. Haben Sie wie ich Gründüngung in das Beet eingearbeitet oder sie auf die Fläche gesät, wo vorher Kartoffeln standen (s. Garten-Tipp), müssen Pastinaken nicht gedüngt werden.

Pastinaken gehören wie Möhren zur Familie der Apiaceen und sind anfällig für den selben Schädling, die Möhrenfliege (S. 36–39). Wenn man Möhren ausdünnt, werden diese durch das intensiv duftende Laub angezogen. Um den Schaden durch die zerstörerischen Fliegenmaden möglichst klein zu halten, empfehle ich, die beiden Gemüsearten nie dicht nebeneinander anzubauen.

Ernten

Ende Oktober stehen meine Pastinaken seit über sechs Monaten im Boden. Das Laub sieht dann etwas erschöpft aus und fängt an, gelb zu werden. Das liegt aber daran, dass die Pflanzen ihre Energiereserven jetzt in die Wurzeln schicken und damit lange, weiße Wurzeln bilden. Sie könnten jetzt schon geerntet werden, aber ich warte damit bis November und hole sie dann nach Bedarf aus dem Boden. Das frostunempfindliche Gemüse wird nicht geschädigt, wenn es den Winter über und bis zum März im Boden bleibt. Es schmeckt nach Frost sogar süßlicher. Bevor ich es mit nach Hause nehme, streife ich die feuchte Erde von den gerade ausgegrabenen Wurzeln ab und bewundere, wie lang sie in der Zeit im Boden geworden sind.

Oben Graben Sie nur so viele Pastinaken aus, wie Sie brauchen. Im Boden sind die Lagerbedingungen perfekt.

Ganz links Bevor ich sie mit nach Hause nehme, schrubbe ich die Wurzeln in einem Eimer mit Regenwasser.

Links Das Kümmern und das Vorbereiten des Bodens hat sich gelohnt. Die Pastinaken sind lang, perfekt gerade und weiß.

REGISTER

DANKSAGUNGEN

Danksagungen des Verlags

DK dankt Adam Brackenbury für die Bildbearbeitung, Francesco Piscitelli für das Kontrollieren der Proofs sowie Vanessa Bird für das Erstellen des Registers.

Danksagungen der Autorin

Als das Team vom bekanntesten englischen Verlag, DK, mir vorschlug, ein Buch zu schreiben, reagierte ich erst nicht! Dank Chris Young, der acht Wochen lang geduldig und hartnäckig blieb UND mit der liebevollen Unterstützung der vier wichtigsten Menschen in meinem Leben, meiner Familie, entstand es dann doch: mein erstes Buch.

Für die Bilder danke ich der wunderbaren Fotografin Rachel Warne, die immer meine Zehen aufforderte, durch meine Stiefel hindurch zu lächeln (sie gehorchten natürlich), und Christine Keilty mit ihrem sorgfältigen und aufmerksamen Blick. Amy Slack danke ich dafür, dass sie mich an den langen Shootingtagen zum Lächeln und zum Lachen brachte; genau wie Barbara Zuniga. Eine Gemüsesorte in meinem Garten wird ihr zu Ehren 'Barbara' getauft.

Ich danke allen Firmen, die mich seit dem Beginn meiner Reise durch die Gartenmedien unterstützen: Spear and Jackson, Niwaki, Farmer Gracy, Haws, Woodlodge sowie Overthrow Sievewrights.

Ganz herzlich danke ich meinen wundervollen Gartennachbarn Pam und Dave Marshall. Ihr habt mich bei jeder Station meiner Gartenreise ermutigt und unterstützt; sowie Sean Harkin, dem Chefgärtner von »Inner Temple Garden« und seinem Gärtnerteam, die mir eine Art zu gärtnern gezeigt haben, die ich inzwischen genauso liebe wie den Anbau von Gemüse.

Mein größter und innigster Dank gilt meinem Eheman Rajni, der mir hilft meine Selbstzweifel zu vertreiben, immer an mich glaubt und zudem die 20 Monate geduldig ertragen hat, die es brauchte, dieses Buch zu schreiben. Danke, Liebster!

Bildnachweis

DK dankt Rekha Mistry für das Bereitstellen der Bilder auf folgenden Seiten: 58 (l), 65 (u), 74, 153 (r), 159 (l), 177 (u).

DK London
Lektorat Amy Slack, Ruth O'Rourke, Katie Cowen, Anna Kruger
Gestaltung und Bildredaktion Barbara Zuniga, Marianne Markham, Max Pedliham, Christine Keilty
Umschlaggestaltung Eloise Grohs, Jasmin Lennie
Herstellung David Almond, Rebecca Parton
Fachberatung Chris Young
Illustrationen Ellie Edwards Lino
Fotos Rachel Warne

Für die deutsche Ausgabe:
Verlagsleitung Monika Schlitzer
Programmleitung Heike Faßbender
Redaktionsleitung Dr. Kerstin Schlieker
Projektbetreuung Manuela Stern
Herstellungsleitung Dorothee Whittaker
Herstellungskoordination Bianca Isack
Herstellung Sabine Hüttenkofer

Titel der englischen Originalausgabe:
Rekha's Kitchen Garden

Übersetzung Jutta Langheineken
Lektorat Corina Steffl

ISBN 978-3-8310-4826-7

Druck und Bindung Leo Paper Products, China

www.dk-verlag.de

Hinweis
Die Informationen und Ratschläge in diesem Buch sind von der Autorin und vom Verlag sorgfältig erwogen und geprüft, dennoch kann eine Garantie nicht übernommen werden. Eine Haftung der Autorin bzw. des Verlags und seiner Beauftragten für Personen-, Sach- und Vermögensschäden ist ausgeschlossen.

ÜBER DIE AUTORIN

Rekha Mistry ist Autorin und Küchengärtnerin und wurde 2021 von der Zeitschrift *Country Living* als »eine, die man im Auge behalten sollte« bezeichnet. Nachdem sie 2015 in der BBC-Sendung das Viertelfinale erreichte, erwarb sie das Gartenbau-Diplom der *Royal Horticultural Society (RHS)*. 2019 startete sie ihren Gartenblog »Rekha's Garden and Kitchen«. Seitdem verfasste sie außerdem Artikel für Zeitschriften wie *RHS The Garden, BBC Gardeners' World, Kitchen Garden* und *Countryfile*.

Um ihren Horizont zu erweitern, arbeitete Rekha außerdem als Gärtnerin im Londoner »Inner Temple Garden«. Nachdem ihr eigener Kleingarten 2020 in der BBC-Sendung *Gardeners' World* vorgestellt wurde, wurde sie eine der Moderator*innen der Sendung. Sie setzt sich außerdem als Botschafterin der »Heritage Seed Library« für den Erhalt alter Gartensorten ein und hat über 100 000 Follower bei Instagram, wo sie weitere Gartenabenteuer erlebt …

Instagram: **@rekha.garden.kitchen**
Facebook: **Rekha's Garden & Kitchen**

Weitere Informationen über Rekha Mistry sowie ihre Rezepte (darunter auch der berühmte Rhabarberkuchen von S. 51) finden Sie auf der Internetseite **rekhagardenkitchen.com**.

NOCH MEHR SPASS UND LESEFREUDE

ISBN 978-3-8310-4835-9

ISBN 978-3-8310-4751-2

ISBN 978-3-8310-3900-5

ISBN 978-3-8310-4621-8

www.dk-verlag.de